Émilie Dumond & Bruno Bucher

La méditation, une nouvelle thérapie

arte EDITIONS

Belin

Collection Cerveau & Bien-être

Jean-Michel Lecerf (dir.), *Connaître son cerveau pour mieux manger,* 2017.

Christophe André et Michel Le Van Quyen (dir.), *Les pensées qui soignent,* 2017.

Betty Mamane, *Les fabuleux pouvoirs de l'hypnose,* 2017.

Collection Cerveau & Psycho

Emmanuel Bigand, *Le cerveau mélomane,* 2013.

David Sander, *Le monde des émotions,* 2015.

Serge Tisseron, *Un psy au cinéma,* 2013.

Également chez Belin Éditeur

Michel Desmurget, *L'Anti-régime au quotidien*, 2017.

Retrouvez tous nos titres sur www.belin-editeur.com

L'idée originale de ce livre est le fruit d'une réflexion développée pour le film documentaire *Les étonnantes vertus de la méditation*, de Benoît Laborde, coproduit par MFP et ARTE en 2017. Ce film est disponible en DVD Arte Éditions (www.arteboutique.com).
Une grande partie des citations de soignants et scientifiques dans le présent ouvrage provient des interviews accordées aux auteurs pour ce film documentaire. Les paroles de méditants ont été recueillies par les auteurs du livre.

170 bis, boulevard du Montparnasse, 75680 Paris cedex 14

8, rue Marceau, 92130 Issy-les-Moulineaux

ISBN 978-2-410-00957-6

SOMMAIRE

Préface

Nos souvenirs, connaissances et expériences personnelles sont des filtres puissants qui affectent notre perception de la réalité. Cela influence la vision que nous avons de nous-mêmes et du monde qui nous entoure et peut engendrer de nombreuses souffrances. Mais selon certaines philosophies millénaires, nous sommes capables d'affûter notre esprit pour parvenir à une relation plus saine et directe avec la réalité. Les pratiques contemplatives, et en particulier celles dérivées du bouddhisme, permettent un entraînement très fin de l'attention et produisent une alchimie extraordinaire de nos émotions. C'est précisément à travers ces mécanismes que les méthodes fondées sur la méditation aident à promouvoir notre bien-être et à réduire le stress.

En 2004, une enquête réalisée par le Centre de médecine complémentaire et intégrative, qui dépend des Centres nationaux de la Santé des États-Unis d'Amérique (NIH), montrait que plus de vingt millions de personnes pratiquaient – ou avaient déjà pratiqué – la méditation et cette tendance ne fait que s'accélérer, comme l'indiquent des rapports plus récents. Un élément déterminant pour mieux comprendre ce phénomène doit être pris en compte : la progression spectaculaire des recherches scientifiques sur les effets positifs de la méditation sur la santé. Rien que durant ces cinq dernières années, plus de trois cents essais cliniques ont été conduits pour évaluer rigoureusement les applications thérapeutiques de la méditation. Pendant cette même période, environ deux milles articles scientifiques sur différents aspects de la méditation, ses effets et ses applications ont été publiés. Nombre de ces recherches sont d'un excellent niveau, ce qui leur a valu d'être publiées dans des revues à fort impact et spécialisées dans le domaine biomédical.

Cela étant dit, aucun scientifique rigoureux ni aucun instructeur de méditation engagé dans sa pratique ne prétendra que, grâce à la pleine conscience, nous pouvons prévenir ou guérir tous les maux. Il ne fait en revanche aucun doute que la pratique de la méditation permet, peu à peu, de percevoir les situations de façon moins douloureuse, d'identifier et d'accepter celles que nous ne pouvons pas changer, d'être proactif vis-à-vis de ce qui peut être modifié et de cultiver les émotions positives. Parmi les bénéfices liés à l'intégration de ces pratiques dans la vie quotidienne figurent l'amélioration de la résistance au stress, de certaines transformations dans le cerveau et même, à un niveau plus microscopique, de changements moléculaires bénéfiques dans nos cellules. Nos études récentes notamment montrent que la pratique de la méditation diminue l'expression de gènes impliqués dans les processus inflammatoires et diminue le vieillissement cellulaire.

J'ai eu le plaisir d'accompagner la gestation du film documentaire « Les étonnantes vertus de la méditation » par Benoît Laborde pour Arte, dans lequel des scientifiques extraordinaires relatent de façon très simple les découvertes fascinantes qui sont aujourd'hui réalisées dans ce nouveau champ de la science que représentent les neurosciences contemplatives. En parcourant ce livre, qui prolonge et enrichit le film documentaire, le lecteur pourra découvrir différents aspects de la méditation, de son histoire et de l'évolution des connaissances scientifiques récentes qui permettent à cette pratique ancestrale de prendre maintenant place en clinique et d'améliorer la vie d'un nombre croissant de personnes.

Je vous invite donc, sans plus tarder, à découvrir les étonnantes vertus de la méditation.

Perla Kaliman

Chercheuse associée à l'Université de Californie Davis,

collaboratrice du *Center for Healthy Minds*

de l'Université de Wiconsin-Madison

et professeur de l'Université Oberta de Catalunya

Avant propos

LES BIENFAITS DE LA MÉDITATION : UNE RÉALITÉ DÉSORMAIS SCIENTIFIQUE

En Occident, depuis une trentaine d'années, les adeptes de la méditation sont de plus en plus nombreux. Dans cette pratique millénaire venue d'Orient, désormais proposée sous une forme laïcisée, certains de nos contemporains trouvent une source de bien-être ou un remède anti-stress, tandis que d'autres en font une véritable philosophie de vie.

Depuis peu, la méditation a fait son entrée à l'hôpital et ces pratiquants convaincus sont progressivement rejoints par des patients atteints de pathologies diverses, auxquels la méditation est proposée en accompagnement tout au long de leur parcours de soins par des équipes soignantes qui lui reconnaissent de réels bienfaits.

À en croire les témoignages, les bénéfices retirés iraient bien au-delà du simple bien-être. Diminution des ressentis douloureux, meilleure acceptation des soins, capacité plus grande à affronter le stress des résultats d'examens médicaux, voilà ce qu'ils expriment et ce qu'observent les médecins qui suivent les patients méditants.

Progressivement, la méditation s'est introduite dans différents domaines cliniques, à commencer en France par le service de psychiatrie de l'hôpital Sainte-Anne grâce au Dr Christophe André dès 2004, et à l'hôpital de la Pitié-Salpêtrière avec la néphrologue Corinne Isard Bagnis à partir de 2012. Elle y trouve une forme de reconnaissance et de légitimité académique encore inenvisageable il y a quelques années.

En parallèle, la méditation a également pénétré l'Université française, objet depuis 2012 d'un premier diplôme universitaire proposé par la Faculté de médecine de Strasbourg aux acteurs de santé.

La méditation est donc aujourd'hui bien loin des clichés auxquels on l'a souvent associée, la réservant à quelques adeptes du bouddhisme revenus d'Inde, ou liée à une spiritualité orientale bien éloignée du cartésianisme occidental.

D'autant que, forte des résultats observés, elle est depuis une vingtaine d'années, l'objet d'un intérêt grandissant de la science. La perspective d'une ressource réparatrice que l'individu trouverait en lui-même a en effet tout de séduisant... Mais d'un point de vue physiologique et scientifique, que se passe-t-il vraiment ?

Fermer les yeux, respirer, focaliser son attention sur le moment présent, être attentif aux émotions ressenties et à son fonctionnement intérieur… Comment ce temps suspendu d'intériorisation et d'enracinement dans l'instant aurait-il un véritable impact sur le fonctionnement de notre corps ? Que se passe-t-il donc dans la tête d'un méditant qui puisse ainsi avoir un effet bénéfique sur son organisme ? La méditation possède-t-elle un réel pouvoir sur notre santé mentale et physique et lequel ? Est-elle une aide à la guérison ? Peut-elle même dans certains cas se substituer à des médicaments ? Et sur quels éléments du corps a-t-elle un effet ?

C'est bien ce que la science tente de comprendre depuis quelques années. Pour répondre à l'étendue du phénomène et à la multiplication des observations sur la santé.

Grâce aux techniques modernes de neuro-imagerie, les scientifiques peuvent désormais observer l'activité du cerveau soumis à ce travail mental et de nombreux laboratoires scientifiques ont engagé des programmes de recherche pour identifier les processus à l'œuvre, étudier l'impact de la méditation sur la santé et évaluer son potentiel thérapeutique.

Et les résultats commencent à arriver. Ce que la science découvre à présent, c'est que ce travail mental hérité d'un lointain passé n'aurait pas seulement d'incidences positives sur notre bien-être global. Il serait aussi capable d'agir sur les équilibres biologiques de notre corps.

Des neurones de notre cerveau aux cellules de notre sang, et jusqu'à l'expression de certains gènes, cette pratique millénaire pourrait nous aider à réparer ou prévenir certains dysfonctionnements, voire à ralentir le vieillissement.

Chaque jour, des connaissances et des hypothèses nouvelles émergent. Mais surtout, le champ des effets possibles de la méditation ne cesse de s'élargir, laissant espérer des applications cliniques dans de nombreux domaines de la santé.

Lutte contre le stress, l'anxiété, la dépression chronique, mais aussi contre les phénomènes inflammatoires de différentes natures, le vieillissement des cellules et, en particulier, le vieillissement cérébral, le spectre des actions possibles de la méditation sur le corps grandit, confortant l'idée que l'esprit possède en effet un certain pouvoir sur le corps, et surtout qu'il est possible d'en acquérir une relative maîtrise.

Cette quête de compréhension, qui ne considère plus le corps comme divisé en différents systèmes indépendants, mais comme une mécanique intégrée de systèmes interdépendants et tous reliés à l'esprit, ouvre une formidable perspective, qui explique sans doute une part du succès récent de la méditation auprès du corps médical et des patients : la capacité pour chacun de mobiliser ses ressources intérieures et de devenir acteur de son parcours de santé aux côtés des soignants.

La multiplicité des études ne permet pas de les aborder toutes ici, ni d'évoquer l'ensemble des domaines cliniques pour lesquels la méditation semble pouvoir agir. Mais au moment où la recherche s'accélère et où se multiplient ses applications thérapeutiques, cet ouvrage propose un état des lieux des connaissances scientifiques sur cette question.

Grâce aux pionniers qui ont introduit la méditation en Occident, aux médecins qui l'associent désormais à leur pratique, aux patients qui ont accepté de livrer leur expérience et aux scientifiques engagés dans cette recherche, ce livre rend compte de ces éclairages nouveaux. Ce faisant, il espère contribuer à la réflexion d'un rapport au soin totalement novateur que laissent envisager ces découvertes.

Nota Bene

Dans cet ouvrage, il sera surtout question de méditation dite de pleine conscience, la méthode qui a fait l'objet à ce jour du plus grand nombre de recherches scientifiques. Deux programmes de pleine conscience sont principalement utilisés par les thérapeutes et cités à plusieurs reprises dans le livre :

– **Le programme MBSR** : *Mindfulness Based Stress Reduction* ou Réduction du stress par la pleine conscience (voir p. 29).

– **Le programme MBCT** : *Mindfulness Based Cognitive Therapy* ou Thérapie cognitive basée sur la pleine conscience (voir p. 42).

DES SAGESSES ORIENTALES MILLÉNAIRES, ADAPTÉES PAR L'OCCIDENT

Si la méditation trouve ses racines dans des philosophies et des formes de spiritualité orientales très anciennes, c'est une forme laïcisée et codifiée qui est aujourd'hui principalement pratiquée en Occident : la méditation dite de pleine conscience.

Chapitre 1

LES RACINES ANCESTRALES DE LA MÉDITATION*

La méditation puise ses racines dans les sagesses orientales anciennes. Et dès l'origine, elle aspire à l'apaisement des souffrances. Une dimension inhérente aux formes laïcisées modernes.

Avant de se pencher sur les formes contemporaines occidentales de la méditation, aujourd'hui étudiées par la science, un détour par ses origines apporte un éclairage pertinent sur ses fondamentaux. On y découvre la conscience très ancienne d'un lien entre esprit et corps, et une dimension de soin constitutive de la plupart de ses formes.

---

* D'après un article du Dr F. Rosennfeld: voir la bibliographie p. 187.

UNE HISTOIRE TRÈS ANCIENNE

L'histoire de la méditation se perd dans la nuit des temps, et les historiens ne s'accordent pas toujours sur ses origines car il n'existe à ce jour aucune preuve formelle d'une pratique première. Qui plus est, les formes de méditation qui se transmettent depuis des siècles ne sont véritablement l'objet d'étude historique que depuis 75 ans.

Certains considèrent que l'apparition de la méditation est associée à la domestication du feu, il y a près de 300 000 ans. Notre lointain ancêtre *Homo erectus* aurait-il médité en regardant les flammes ? Nulle preuve à ce jour ne permet d'étayer une telle hypothèse.

Il est une certitude cependant, cette pratique millénaire est venue d'Orient et sans doute plus précisément d'Inde. Si l'on prend pour référence la première note écrite, on peut établir le début de l'histoire de la méditation il y a plus de 5 000 ans, par l'existence de descriptions écrites des tantras, ces rituels et méthodes initiatiques du bouddhisme et de l'hindouisme. Mais il est fort possible que ces tantras soient plus anciens et qu'ils aient été longtemps transmis par tradition orale de génération en génération. Les plus anciennes illustrations retrouvées à ce jour donnant à voir des pratiques méditatives datent, elles, de 4 000 ans, et ornent les fresques des murs de certaines grottes indiennes situées dans le Maharashtra.

Personne n'est tout à fait certain du groupe religieux ou spirituel qui initia la pratique méditative. Elle trouve des ramifications et des aspirations millénaires multiples

et recouvre des techniques méditatives elles-mêmes très diverses. Plus qu'une pratique méditative au singulier, il serait donc plus juste d'en parler au pluriel.

UNE TRADITION PLURIELLE VENUE D'ORIENT

De nombreux mouvements méditatifs nés il y a des millénaires se sont perdus dans l'histoire. Mais les pratiques qui se sont développées ces dernières décennies dans le monde occidental et que la science étudie désormais sont issues pour la plupart de trois grands mouvements de pensées ou religions d'Orient, le bouddhisme, l'hindouisme et le taoïsme. Trois pensées philosophiques qui, au-delà de leurs différences, confèrent à la méditation des aspirations communes et universelles, que l'on retrouve aujourd'hui laïcisées dans l'approche occidentale.

Dans le taoïsme, les techniques méditatives visent à faire circuler le *qi,* cette notion difficile à interpréter, énergie ou souffle interne, à l'origine de l'Univers, qui relie les choses et les êtres entre eux. Le taoïsme, l'un des trois piliers de la pensée chinoise avec le confucianisme et le bouddhisme, se fonde sur l'existence d'un principe à l'origine de toute chose. Il plonge ses racines dans la culture ancienne et dans des textes comme *Le livre de la Sagesse et de la Vertu* de Lao Tseu. En soi, le tao est un terme très difficile à traduire. Lao Tseu lui-même, premier maître du tao, ne disait-il pas: «*Celui qui peut expliquer le tao ne connaît pas le tao.*» Il peut être associé au cours naturel des choses, mais aussi à une structure qui ordonne l'Univers au sein de laquelle le *qi* fait circuler son principe énergétique.

Selon les écoles, les techniques méditatives taoïstes se pratiquent en posture assise et immobile, ou au fil de mouvements doux et répétés, comme dans le tai chi chuan et le qi gong, inspirés par l'esprit d'origine du taoïsme, associant corps et esprit dans une même aspiration.

Mais sans doute est-ce avec l'enseignement de Bouddha que commence l'histoire moderne de la méditation, 500 ans avant notre ère, dans le nord de l'Inde. Un enseignement fidèlement retranscrit par écrit par les moines qui ont suivi Bouddha jusqu'à sa mort. C'est véritablement à cette époque que la méditation a commencé à se répandre de l'Inde vers d'autres pays d'Asie. Né Siddhârta Gautama, l'homme, dont l'existence est avérée, aurait vécu une jeunesse heureuse et dorée à l'abri d'un palais qui l'aurait préservé des souffrances humaines. À l'âge de 30 ans, s'échappant en secret du palais, il aurait soudain découvert l'immensité de la misère humaine. Il décide alors de quitter sa vie d'insouciance et d'abondance et de chercher remède à cette détresse. C'est ainsi que, méditant, il a l'inspiration de ses célèbres « quatre nobles vérités », sur l'origine et les remèdes à la souffrance.

S'il y a dans l'expérience méditative prônée par le bouddhisme quelque chose qui s'apparente à l'expérience du divin, son intention originelle vise à soulager la souffrance des humains par une meilleure connaissance de soi et par la pratique de règles simples et universelles. Selon les écoles là encore, le corps adopte une posture immobile ou est au contraire incité à la déambulation et au mouvement, mais corps et esprit sont intimement associés dans cette démarche.

Dernier mouvement de pensée à conférer une grande importance à la pratique méditative, l'hindouisme. C'est l'une des plus anciennes religions du monde encore pratiquée (XIIIe siècle avant notre ère), même si la notion de « religion » au sens judéo-chrétien du terme est difficilement applicable à l'hindouisme, tant celui-ci ne relève pas d'un assemblage unique de croyances, mais plutôt d'un vaste ensemble de mouvements culturels qui imprègnent les domaines philosophique, moral, théologique, scientifique et cosmologique du subcontinent indien. La pratique méditative de l'hindouisme recouvre, comme dans le bouddhisme et le taoïsme, des formes diverses, mais le yoga et ses différentes écoles en est l'une des principales. Associant postures et travail sur le souffle et la respiration, le yoga vise une harmonie, une réunification corps-esprit qui doit contribuer à résorber les fluctuations de l'esprit, à se détacher des désirs du monde et à se rapprocher du Dieu Brahman.

DEUX PILIERS COMMUNS

Quelles que soient leurs origines culturelles ou historiques, les techniques méditatives reposent majoritairement sur deux piliers communs : le Samatha et le Vipassana.

Le premier, issu de la langue antique indienne pali, se traduit par la « tranquillité de l'esprit », la « quiétude », et invoque le calme mental suscité par la méditation. C'est la première étape de la pratique méditative. La seconde étape est le Vipassana, ou « vue profonde ».

Le développement de la tranquillité, ou « pacification mentale », passe par des techniques diverses issues du bouddhisme, des yogas ou d'exercices de relaxation. Elles consistent à se concentrer sur un point, tels que la respiration, ou la contemplation d'une couleur, d'un objet visible ou d'un objet mental, pour parvenir à s'extraire des contingences du monde et surmonter, notamment, les cinq empêchements qui entravent notre « état mental », le désir sensuel, la colère, la torpeur, l'agitation et le doute. L'action de méditer n'exclut pas les moments de troubles ponctuels, mais le Samatha vise un état durable qui va au-delà du temps de la méditation.

Le second pilier et second temps de la méditation, le Vipassana, propose d'observer les choses telles quelles sont et non telles que nous pensons qu'elles sont. Sa traduction du pali pourrait être « *la lumière intuitive apparaissant brusquement et révélant la Vérité sur l'impermanence, sur la misère et sur l'impersonnalité de tous les phénomènes corporels et mentaux de l'existence* ». On peut le rapprocher du terme anglophone *mindfulness*, ou « pleine conscience », qui invite à s'inscrire dans l'instant présent et à se libérer des croyances, des jugements et des schémas de pensées automatiques qui conditionnent notre vie, bien souvent à notre insu. D'où l'expression « méditation de pleine conscience », celle qui intéresse aujourd'hui le monde médical et scientifique (*cf.* chapitre 3).

Jugements et automatismes de pensées

Les jugements correspondent à des schémas de pensée automatiques, hérités de nos expériences, de nos traumatismes, de nos souvenirs et profondément ancrés en nous. Telle expérience correspond à telle émotion, qui survient de façon inconsciente dans la plupart des cas. Un grand nombre de nos actions est donc automatisé pour ne pas surcharger inutilement nos compétences cognitives, qui seraient d'ailleurs bien en mal de devoir gérer les six mille tâches, en moyenne, que notre cerveau gère chaque jour.

Mais les jugements automatiques peuvent aussi s'avérer être des pièges. En réagissant spontanément et inconsciemment dans de nombreuses situations, ce pilotage automatique nous conduit parfois à des comportements, des décisions ou des émotions qui sont l'objet d'une programmation ancienne et fortement enracinée en nous. Or ils ne correspondent pas toujours à nos souhaits profonds et nous éloignent de ce qui nous conviendrait vraiment. La méditation de pleine conscience permet ainsi de se « déprogrammer » de ces jugements, et de retrouver, en nous, la possibilité de choisir et de décider librement.

Pour y parvenir, quelles que soient les techniques, le méditant est invité à porter une attention intense à ses sensations intérieures et extérieures, en se défaisant des jugements que le cerveau par expérience porte spontanément. C'est une forme de détachement, d'égalité d'humeur et de sérénité qui est recherchée, une qualité mentale autrement appelée équanimité que la méditation contribue à développer.

UNE UNIVERSALITÉ FAVORABLE À UNE FORME LAÏCISÉE

Dès l'origine donc, et au-delà des syncrétismes religieux, la méditation s'inscrit dans une quête de pacification mentale, de soulagement des souffrances et de détachement des sources de ces souffrances (nos pensées, nos émotions, nos peurs, nos projections). C'est aussi ce que nous rappelle l'étymologie antique du terme *medeor,* qui signifie soigner et se retrouve dans le mot *remède,* laissant supposer un lien ancien entre pratique méditative et vertus thérapeutiques, même si l'expression fut ensuite associée à la pratique religieuse.

Depuis les enseignements de Bouddha, l'histoire de la méditation a évolué et, dans nos sociétés occidentales, elle n'est plus nécessairement rattachée à la religion. Une grande part des aspirations qu'elle porte répond à des besoins et des désirs universellement partagés. Elle a séduit les populations d'Occident. Et ses techniques millénaires sont apparues comme autant d'outils accessibles et adaptables pour des publics laïcs et non imprégnés de spiritualité orientale.

Chapitre 2

D'UNE PRATIQUE MILLÉNAIRE SPIRITUELLE À UNE MÉDITATION MODERNE ET LAÏCISÉE

Éliminer la souffrance d'origine mentale, disent les textes bouddhistes... Les bénéfices observés dans la tradition orientale sont-ils fondés ? C'est toute la conviction de quelques médecins et psychologues dans les années 1970.

Comment est-on passé d'une pratique millénaire et spirituelle à une méthode laïcisée et codifiée aujourd'hui entrée à l'hôpital et étudiée par les chercheurs du monde entier ?

L'ŒUVRE D'UN PIONNIER

C'est à Boston, à la fin des années 1970, au sein du très sérieux et prestigieux *Massachussetts Institute of Technology* qu'un homme comprend le premier l'intérêt de la méditation pour la médecine moderne. Cet homme, c'est le professeur Jon Kabat-Zinn, aujourd'hui considéré comme le père de la méditation de pleine conscience (*cf.* chapitre 3) et l'un des pionniers de ce nouveau domaine de recherche appliquée.

À la fin des années 1970, Jon Kabat-Zinn termine ses études de biologie moléculaire à l'Université du Massachussetts. Comme beaucoup d'étudiants à cette époque, il est fasciné par le bouddhisme, l'hindouisme et toutes ces sagesses jusqu'alors inconnues que la jeunesse occidentale découvre. «*Dans les années 1970, les États-Unis vivaient une époque assez extraordinaire de contestation des modèles dominants dans tous les domaines, y compris dans le domaine scientifique. C'est dans ce contexte qu'a émergé cet intérêt pour la méditation*» raconte-t-il.

Il rencontre alors un maître zen qui va l'initier à la pratique. Son expérience personnelle et les témoignages qu'il recueille auprès d'autres méditants le convainquent que la méditation peut proposer une réponse aux souffrances de certains patients. *«Les patients du Medical Center de l'Université du Massachussetts souffraient de pathologies diverses et de maladies souvent chroniques, auxquelles la médecine traditionnelle n'apportait pas de réponse totalement satisfaisante. Et nous étions convaincus que la méditation pouvait apporter des réponses complémentaires. Mais il fallait leur offrir quelque chose qu'ils pourraient pratiquer eux-mêmes et qui soit affranchi de toute dimension spirituelle bouddhiste pour n'exclure personne.»*

UNE CLINIQUE ET UN PROGRAMME CONTRE LE STRESS

C'est ainsi qu'en 1979, la première clinique de réduction du stress ouvre à l'École de médecine de l'Université du Massachussetts, à Madison, et marque l'intégration officielle de la méditation de pleine conscience dans le champ médico-psychologique.

Dans ce nouveau cadre, Jon Kabat-Zinn met peu à peu au point un programme d'entraînement à la méditation de pleine conscience pour aider les patients à faire face au stress, à la douleur et à la maladie, en leur apprenant à les vivre et à les appréhender autrement. «*La plupart des souffrances ressenties, physiques comme psychiques sont liées à notre façon de percevoir le monde. On ne peut modifier la réalité extérieure. Mais en revanche, on peut faire évoluer notre perception de cette réalité, et c'est là que la méditation intervient*», assure-t-il.

Ce programme très structuré combine méditation et yoga. Pendant huit semaines, il propose aux patients un entraînement quotidien de quarante-cinq minutes à la pleine conscience. Aujourd'hui appliqué de Boston à Madison et de Madison à Paris, il a pris le nom de MBSR, initiales de *Mindfulness Based Stress Reduction* ou Réduction du stress par la pleine conscience.

UNE DIFFUSION DANS LE MONDE ENTIER

Aujourd'hui le *Center for Mindfulness in Medecine* accueille près de 15 000 personnes par an. Mais le succès de ce programme va bien au-delà. Ce sont désormais des centaines de centres, hôpitaux et cliniques qui utilisent la MBSR, aux États-Unis, en Amérique du Sud, à Hong Kong, en Australie ou encore en Europe.

La pleine conscience ou l'apprentissage de notre humanité

Pr Jon Kabat-Zinn

« La méditation mène à un état particulier d'éveil et d'attention totale à soi-même. En faisant cela, elle nous met en lien avec une ressource intérieure qui nous est propre, et même qui nous constitue en tant qu'être humain : la conscience, c'est-à-dire le fait d'être conscient, d'être éveillé au monde, et à soi.

Cette ressource, nous sommes nés avec, elle fait partie de notre ADN. Et pourtant nous la sous-estimons totalement. Notre éducation nous apprend à penser, à réfléchir, et nous ne cessons plus de muscler ces mécanismes. Nous pensons, nous pensons, nous pensons, nous pensons sans cesse, au passé, au futur, jusqu'à en perdre le sommeil ! Et nous nous abandonnons trop rarement à l'instant présent.

La méditation nous fait faire l'apprentissage de notre conscience. En nous enseignant une relation de détachement et de sérénité avec la situation du moment, quelle qu'elle soit, elle nous apprend d'abord à nous remettre en lien avec les choses telles qu'elles sont. Puis en nous enseignant le "non jugement", elle nous fait prendre conscience de la façon dont nous projetons sans cesse nos jugements sur la réalité.

« *Les gens qui viennent ici ont toutes sortes de maladies,* précise Saki Santorelli, directeur exécutif du *Center for Mindfulness in Medecine. Il est fréquent de trouver des gens atteints de cancer à différents stades d'évolution, de douleurs chroniques. D'autres viennent pour des troubles du système digestif ou du système cardio vasculaire. Donc nous faisons vraiment partie de la médecine maintenant, ce n'est plus de la médecine alternative, ça rentre réellement dans les mœurs.* »

Suis-je conscient par exemple de ma douleur véritable ou cette conscience est-elle parasitée par des jugements tels que "je ne veux pas souffrir", ou "j'ai peur d'avoir mal", c'est-à-dire des jugements portés sur l'objet lui-même qui intensifie cette douleur ?

Tous ces jugements nous éloignent de ce que nous sommes et de ce que nous vivons vraiment. Face à ces fonctionnements en pilotage automatique, en rumination de traumas passés ou en projection d'avenir, la méditation, en nous connectant à notre pleine conscience de l'instant présent, nous apprend à distinguer l'état réel, la conscience du moment présent et le jugement construit que l'on porte à son égard.

Ce que le MBSR propose de faire, c'est d'insuffler en chacun de nous l'énergie sous forme d'attention, cette attention bienveillante envers sa propre intériorité. Comme une invitation, par un certain travail, à vivre l'aventure de l'intérieur. Aucune promesse de guérison là-dedans, la clinique MBSR n'opère aucun tour de magie, mais elle fait comprendre que la magie est en chacun de nous. »

BIENVENUE
au service MBSR

Au-delà des personnes souffrant de pathologies particulières, la méthode s'adresse à un public bien plus vaste, soignants, cadres, entrepreneurs ou encore sportifs de haut niveau.

Dès le début, et jusqu'à aujourd'hui, les témoignages des méditants n'ont fait que conforter les premières intuitions de Jon Kabat-Zinn et de ses collaborateurs. Amélioration du bien-être, diminution du stress et de l'anxiété, apaisement de douleurs chroniques, les bienfaits attribués à la méditation sont multiples. Très vite, ils ont suscité la curiosité d'autres chercheurs : comment ce travail cérébral pouvait-il avoir de tels impacts ? Les effets constatés étaient-ils directement liés à ce travail cérébral et par quels mécanismes cela était-il possible ?

L'existence d'un programme structuré et expérimenté en milieu clinique, associé à l'apparition de nouvelles technologies d'exploration du cerveau telle que l'IRM (Imagerie par résonance magnétique), a alors permis aux premiers scientifiques de se pencher sur la question d'une façon beaucoup plus précise.

PAROLES DE MÉDITANT

« Plus de coups de poing dans le ventre »

Didier a aujourd'hui 52 ans. Il a découvert la méditation il y a environ quatre ans et après des débuts aléatoires, il la pratique avec régularité et assiduité depuis deux ans.

Une démarche personnelle

« Au départ, j'ai fait une dépression. C'était il y a dix ans. Elle n'a pas été diagnostiquée tout de suite, c'est plutôt moi qui l'aie diagnostiquée après coup. Puis quatre ans plus tard, j'ai fait une rechute et là, je suis allé consulter un psychiatre. Il m'a mis sous antidépresseur et m'a écouté parler. Je pense que cela m'a soulagé, mais j'ai eu le sentiment que ça ne m'aidait pas en profondeur.

Au moment de ma première dépression, j'avais entendu parler de la méditation par hasard, en lisant des articles. Aujourd'hui, il ne se passe pas une semaine sans qu'on lise un article sur le sujet, mais, à l'époque, on en parlait très peu. Et bien que la science ait déjà validé son efficacité préventive en matière de dépression chronique, aucun médecin ne me l'avait proposée.

Quand j'ai rechuté, on en parlait déjà beaucoup et j'ai fait la démarche de m'inscrire au programme MBCT* proposé par Florent Dulong à Sainte-Anne. D'autant qu'un autre problème me motivait : depuis ma première dépression, j'avais de gros problèmes de sommeil. J'avais essayé la sophrologie qui m'aidait un peu, ce qui m'avait d'ailleurs permis de me rendre compte que j'étais très réceptif à ce type de pratique, mais j'espérais d'autres solutions plus efficaces encore.

---

* Voir la définition p. 42.

Un ressenti immédiat

J'ai donc suivi le programme de huit semaines. Immédiatement, dès la première séance et les premiers exercices, j'ai senti que ça me faisait profondément du bien. Je ne pouvais pas vraiment définir précisément ce "bien" et décrire ce qui se passait exactement, mais je sentais qu'une sorte de détente réelle opérait. Et j'ai tout de suite pris conscience d'un certain nombre de choses sur mon fonctionnement intérieur et sur celui de mes pensées, auxquelles je n'avais jamais fait attention avant.

Le retentissement sur ma vie quotidienne n'a pas été immédiat, mais dès les premières séances, j'ai ressenti un bien-être dans l'instant qui n'a cessé de se confirmer au fil du programme.

À l'issue des huit semaines, on est invité à pratiquer régulièrement. Mais comme je suis un peu paresseux, j'ai fait les exercices pendant deux semaines et puis j'ai arrêté. Apparemment, c'est assez commun, la discipline est difficile à s'imposer au quotidien.

Environ deux ans après avoir suivi le programme, je m'y suis remis de temps en temps et puis aujourd'hui c'est devenu quasiment quotidien. Je médite même deux fois par jour en semaine, un peu moins le week-end. Des séances d'un quart d'heure à une demi-heure, que je fais seul, dans un endroit calme, sans CD, sans guide. Je n'ai pas envie d'être guidé ou assisté car c'est tout l'intérêt que je vois dans cette pratique, au-delà de son effet : on peut s'y mettre seul, de façon totalement autonome, n'importe où et gratuitement.

« Lutter contre mes ruminations »

Désormais, je suis capable de prendre du recul sur les choses et les situations. La grande mode aujourd'hui, c'est d'être réactif. Par exemple, tout bêtement, autrefois en voiture, je réagissais à tout bout de champ dès que le comportement d'un autre conducteur m'énervait. Maintenant je reste calme. Ne pas réagir par automatisme selon des schémas préétablis, ça a été pour moi le principal bénéfice de la méditation.

Elle m'a aussi beaucoup aidé à lutter contre mes ruminations. Je suis quelqu'un d'anxieux, j'ai tendance à focaliser sur ce qui ne va pas et à considérer que tout est catastrophe ou menace potentielle. En m'obligeant à suspendre mes projections et en me ramenant au moment présent, la méditation m'aide vraiment à éviter toutes ces ruminations et focalisations.

Peu à peu, par la méditation, j'ai réussi à passer de "*ça pourrait t'arriver*" à "*ça pourrait t'arriver en moins pire*", puis "*ça pourrait ne pas t'arriver*". Progressivement s'est établie une sorte de dialogue intérieur pour m'inviter à voir les choses comme elles sont et non pas systématiquement comme une catastrophe potentielle.

La modification de réactions physiques

Au-delà de ces bénéfices psychologiques, il y a une vraie prise de conscience du corps et de son existence dans l'instant présent. On apprend à se poser, à être là, à écouter, à s'écouter. Et dans le monde dans lequel nous vivons, fait de sollicitations et d'injonctions incessantes, dans le stress ambiant, être capable de vivre pleinement l'instant présent est loin d'être évident, surtout pour un anxieux comme moi.

J'ignore si cette évolution de la relation au réel explique cela, mais j'ai depuis quelques mois noté un détail surprenant dans la modification de certaines de mes réactions physiques. Autrefois, le moindre son imprévu, type coup de klaxon, porte qui claque, pétard qui éclate, provoquait en moi une sensation physique immédiate, comme un coup de poing dans l'estomac. Mais depuis quelque temps, c'est comme si je sentais ce coup de poing arriver dans le ventre et que mon cerveau le stoppait avant qu'il n'advienne, comme si ce réflexe automatique avait été déprogrammé, juste en prenant conscience qu'il existait et en réalisant que ces sons ne relevaient d'aucune menace et ne justifiaient aucun signal de peur.

Retrouver le sommeil

Mes problèmes de sommeil, eux, n'ont pas disparu. Chaque soir je m'endors tôt, mais systématiquement, je me réveille 5 heures après. Je ne pense pas que la méditation résolve les troubles du sommeil en tant que tel. En revanche, mieux encore que la sophrologie que j'avais expérimentée il y a quelques années, la méditation m'aide à retrouver le sommeil en situation d'insomnie.

Quand on se réveille au milieu de la nuit, on ne pense pas à ce qui va bien, on commence à dérouler la longue liste de ce qui va mal et les angoisses montent. Face à cela, la méditation donne des techniques pour stopper ce processus, comme le "body scan", ou balayage corporel, utilisé en pleine conscience. En amenant la conscience à se concentrer sur ce que l'on peut ressentir dans chaque partie de son corps, en focalisant son attention sur son fonctionnement intérieur, cet exercice stoppe le flux de pensées négatives et aide à replonger dans le sommeil.

Une hygiène de vie

Ça fait deux ans que je pratique véritablement la méditation, deux fois par jour, au moins cinq jours par semaine, et je sens que profondément, ça a modifié des choses dans mon quotidien et dans mon rapport au réel. Je suis tout à fait conscient que ma nature anxieuse ne disparaîtra pas et que je serai un peu comme ça toute ma vie. Mais la méditation évite que cela détermine mon quotidien et prenne trop de place dans ma vie.

J'ai appris à voir venir ces pensées anxieuses, ces ruminations sombres, et à les mettre à distance en les considérant pour ce qu'elles sont : des projections, des jugements *a priori* qui ne sont pas la réalité objective.

Aujourd'hui, cette discipline est totalement intégrée à ma vie, ça ne relève plus d'un effort, mais d'un temps naturel et nécessaire que je m'octroie. »

Chapitre 3

QU'EST-CE QUE LA MÉDITATION DE PLEINE CONSCIENCE ?

« La pleine conscience est la conscience qui émerge, qui se déploie, à partir du moment où l'on prête attention, intentionnellement et sans jugement. »

Jon Kabat-Zinn

Le yoga, le qi gong, le taï-chi, la relaxation, la méditation transcendantale sont autant de pratiques qui invitent à associer un travail sur le corps et sur l'esprit. À ce titre, elles s'inscrivent dans la lignée des pratiques méditatives qui engagent à s'accorder un temps de retrait, à stabiliser son attention, à cesser de réagir aux stimulations, qu'elles soient externes ou internes (les pensées, les émotions). Toutes aspirent à l'apaisement, selon différentes techniques. La méditation transcendantale, par exemple, est une technique mentale de relaxation et de développement de la conscience qui se pratique à l'aide d'un mantra, sorte de son abstrait fait de syllabes à répéter. Le yoga, le qi gong et le taî-chi se fondent sur un travail central sur la respiration, associé soit à des postures, soit à des mouvements spécifiques du corps, et présentent à ce titre des dimensions méditatives évidentes. La relaxation, elle aussi sous certaines formes, peut mettre l'individu dans un état proche de l'état méditatif.

La méditation est donc une pratique multiple, dont les déclinaisons laïques et occidentalisées sont, nous l'avons vu, elles aussi diverses. Pour autant, c'est aujourd'hui la méditation de pleine conscience laïcisée par Jon Kabat-Zinn qui concentre l'attention des études scientifiques et les faveurs des méditants occidentaux toujours plus nombreux.

Qu'est-ce que cette forme particulière de méditation, et pourquoi est-elle privilégiée par les individus comme par les chercheurs ?

UNE DISPOSITION NATURELLE...

À l'origine, la pleine conscience, ou *attention juste*, est une expression dérivée des enseignements du chef spirituel fondateur du bouddhisme, qui désigne la conscience vigilante de ses pensées et de ses actions (*cf.* chapitre 1).

La pleine conscience est une façon d'être au monde et à soi-même, dans l'instant présent, et dans une relation totalement dépouillée des jugements, des peurs, des préjugés et de toutes les constructions mentales liées à l'expérience personnelle et à l'éducation reçue.

Dans ce temps suspendu de l'action, la pleine conscience est un état dans lequel on se plonge volontairement ou involontairement. Elle peut être tournée vers l'intérieur, à l'écoute de nos propres mouvements intimes, des vibrations de notre respiration, de l'activité intérieure de notre propre corps. Elle peut aussi être la pleine conscience de ce que nos sens perçoivent de l'extérieur, mais là encore, dans une attention détachée, dénuée de jugement et de réaction, juste dans l'acceptation bienveillante de ce qui advient.

... CONTRARIÉE

Par nature, chacun possède une aptitude naturelle à la pleine conscience. Mais, dans le monde dans lequel nous vivons, notre cerveau est sans cesse sollicité et possède une propension à traiter constamment l'arrivée de nouvelles pensées, occupé à prévoir, à calculer, à juger, à analyser.

Notre cerveau est aussi traversé et parasité par les expériences que nous vivons en les jugeant, en leur accolant des projections et des sentiments préconçus. Nos préférences, nos préjugés, nos goûts, nos dégoûts, les histoires que nous nous racontons sur notre passé ou que nous projetons sur notre avenir ont une emprise immense sur notre expérience de l'instant présent, jusqu'à la déformer, y compris dans nos propres souvenirs.

Ces pensées, ces jugements et les sollicitations permanentes de notre environnement saturent souvent notre esprit, et laissent rarement cet état de pleine conscience se déployer dans la durée.

Pour y parvenir, il faut un acte intentionnel, qui consiste d'abord à se rendre attentif à soi-même.

LA MÉDITATION POUR CULTIVER LA PLEINE CONSCIENCE

C'est pour cultiver notre aptitude à la pleine conscience que les psychiatres Zindel Segal, spécialiste de la dépression à l'Université de Toronto, Mark Williams et John Teasdale, de l'Université d'Oxford, ont mis au point des programmes de méditation structurés, codifiés et laïcisés tels que le MBSR, évoqué au chapitre précédent, et le MBCT (*Mindfulness Based Cognitive Therapy* ou Thérapie cognitive basée sur la pleine conscience). Appliqués aujourd'hui dans le monde occidental, ces deux principaux programmes de méditation de pleine conscience visent à lutter contre le stress pour le premier et contre les rechutes dépressives pour le second. Ils reposent sur un protocole formel, effectué en groupes, et constitué de séances de méditation quotidienne sur huit semaines, complétées d'exercices que chacun réalise chez lui.

Mais cultiver la pleine conscience peut aussi relever de pratiques beaucoup plus simples et informelles, auxquels les méditants sont fortement invités en parallèle et au-delà des

programmes. Comme prêter attention aux actions du quotidien et les habiter totalement, dans chacun de leurs détails et des sensations qu'elles provoquent dans l'instant, sans se laisser perturber par des pensées extérieures. On peut ainsi marcher, respirer, boire, jardiner, repasser, se laver et même s'endormir en pleine conscience.

ATTITUDES FONDAMENTALES DE LA MÉDITATION DE PLEINE CONSCIENCE

Telle que le psychiatre Christophe André la décrit, la pleine conscience peut être décomposée en trois attitudes fondamentales : « *La première est une ouverture maximale du champ attentionnel portant sur l'expérience personnelle de l'instant, autrement dit de tout ce qui est présent à l'esprit minute par minute.* » Cette ouverture intègre toutes nos perceptions sensorielles ou émotionnelles, qu'elles soient intérieures ou extérieures.

Testez votre pleine conscience*

Vous pouvez avoir une idée de votre prédisposition à la pleine conscience en répondant aux questions suivantes par : « Presque toujours », « Très souvent », « Assez souvent », « Assez peu », « Rarement », ou « Presque jamais ».

1. Je peux vivre une émotion et ne m'en rendre compte qu'un certain temps après.

2. Je renverse ou brise des objets par négligence ou par inattention, ou parce que j'ai l'esprit ailleurs.

3. Je trouve difficile de rester concentré sur ce qui se passe au moment présent.

4. J'ai tendance à marcher rapidement pour atteindre un lieu, sans prêter attention à ce qui se passe ou ce que je ressens en chemin.

5. Je remarque peu les signes de tension physique ou d'inconfort, jusqu'au moment où ils deviennent criants.

6. J'oublie presque toujours le nom des gens la première fois qu'on me les dit.

7. Je fonctionne souvent sur un mode automatique, sans vraiment avoir conscience de ce que je fais.

* Questionnaire publié dans *Cerveau & Psycho*, n° 41, septembre/octobre 2010.

« La deuxième attitude fondamentale est un désengagement des tendances à juger, à contrôler ou à orienter cette expérience de l'instant présent », poursuit celui qui fut l'un des premiers à introduire la méditation de pleine conscience auprès de ses patients atteints de dépression chronique. En faisant cela, le

8. Je m'acquitte de la plupart des activités sans vraiment y faire attention.

9. Je suis tellement focalisé sur mes objectifs que je perds le contact avec ce que je fais au moment présent pour y arriver.

10. Je fais mon travail automatiquement, sans en avoir une conscience approfondie.

11. Il m'arrive d'écouter quelqu'un d'une oreille, tout en faisant autre chose dans le même temps.

12. Je me retrouve parfois à certains endroits, soudain surpris et sans savoir pourquoi j'y suis allé.

13. Je suis préoccupé par le futur ou le passé.

14. Je me retrouve parfois à faire des choses sans être totalement à ce que je fais.

15. Je mange parfois machinalement, sans savoir vraiment que je suis en train de manger.

À chaque question si vous avez répondu par : « Presque toujours », comptez 1 point ; « Très souvent », comptez 2 points ; « Assez souvent », comptez 3 points ; « Assez peu », comptez 4 points ; « Rarement », comptez 5 points ; « Presque jamais », comptez 6 points.

Faites la somme de vos points et divisez par 9. Vous obtiendrez, sur dix, votre score de prédisposition à la pleine conscience, qui sera d'autant meilleur que ce score sera élevé.

méditant devient aussi observateur de son fonctionnement mental, il prend conscience de ces élans de jugement permanents, et apprend à les distinguer de l'expérience elle-même.

Enfin, la troisième est une attitude de conscience « *non-élaborative, dans laquelle on ne cherche pas à analyser ou à mettre en mots mais plutôt à observer et à éprouver* » conclut-il.

Mais comment le fait de focaliser son attention sur le moment présent quelques minutes ou quelques dizaines de minutes par jour peut-il lutter contre un mal aussi insidieux et pesant que le stress ou la dépression ?

Une partie des réponses se trouve à l'hôpital Sainte-Anne, dans le service du Dr Christophe André lui-même, où depuis 2004, nombre de patients atteints de dépression chronique font l'expérience de la pleine conscience.

LES EFFETS BÉNÉFIQUES DE LA MÉDITATION SUR NOS ÉTATS MENTAUX

La méditation révèle aujourd'hui
des effets bénéfiques mesurables
sur le bien-être psychique.
Et la science en décrypte
peu à peu les mécanismes,
ouvrant des perspectives
pour tous les âges de la vie.

Chapitre 4

MÉDITER POUR LUTTER CONTRE LA DÉPRESSION

Depuis près de quinze ans, la méditation de pleine conscience est proposée à des patients atteints de syndromes d'anxiété ou de dépression chronique. Et l'expérience prouve son efficacité.

Pour beaucoup, méditer c'est s'offrir un voyage intérieur, vers les régions calmes et sereines de notre psyché. Pour Christophe André, désormais connu du grand public pour les nombreux ouvrages qu'il a publiés sur la question et ses interventions publiques, c'est un peu plus que cela.

À L'HÔPITAL SAINTE-ANNE, PARIS

À Paris, depuis 2004, il forme le personnel de l'hôpital Sainte-Anne, spécialisé en psychiatrie, neurologie, esprit est ailleurs, dans nos ruminations du passé ou bien dans la projection de nos angoisses, et des anticipations anxieuses de ce que nous devrons faire dans une heure, demain, la semaine prochaine.

L'exercice du grain de raisin permet donc aux patients de prendre conscience de ces pilotes automatiques, et, une fois identifiés, de mieux les appréhender ou les faire évoluer. Car il n'est pas question d'essayer de les supprimer ou de lutter contre eux. La méditation de pleine conscience apprend juste à les accepter sans les subir, à ne pas les amplifier, et à ne pas réagir à leurs assauts.

DES TÉMOIGNAGES CONVAINCANTS

Éprouver des difficultés à apaiser son esprit et être submergé de pensées négatives, c'est bien tout le quotidien auquel sont confrontées les personnes sujettes à la dépression ou à l'anxiété. Au bout de huit semaines de programme de méditation, de nombreux patients ressentent une amélioration de leur état, et une évolution dans leur façon d'appréhender leurs troubles. Quant à ceux qui adoptent la méditation comme pratique régulière, ils sont nombreux à dire combien elle a modifié leur quotidien, à l'instar de Nathalie qui, après 40 ans de crises d'anxiété massive et de traitements médicamenteux, s'est affranchie en grande partie de cette contrainte chimique, et a vu ses crises pratiquement disparaître (*cf.* son témoignage p. 134).

Les témoignages de patients vont dans le même sens que de nombreuses recherches menées sur le sujet ces dernières années. Mark Williams, John Teasdale et Zindel Segal ont mené une étude déjà citée sur des personnes qui avaient eu au moins trois épisodes dépressifs dans leur vie. Dans cette étude, les patients suivent un programme de méditation de pleine conscience pendant six mois, associé à une thérapie cognitive. Les psychologues ont observé une réduction des rechutes dépressives de 40 % au cours de l'année qui a suivi la dernière dépression sévère. Il faut savoir qu'un premier épisode dépressif peut se résoudre par une rémission spontanée dans les 6 à 12 mois. Mais les épisodes isolés sont assez rares : une première dépression annonce souvent une récidive. Celle-ci intervient dans les cinq années suivantes dans 50 % à 80 % des cas.

Un peu plus tard, une autre étude menée par Zindel Segal et ses collaborateurs du Centre de toxicomanie et de santé mentale (CTSM) associé à l'Université de Toronto, a montré que le recours à la méditation était aussi efficace qu'un traitement par antidépresseurs pour la prévention des rechutes dépressives. Les chercheurs ont comparé l'efficacité d'un traitement par antidépresseur à celle de cette thérapie cognitive basée sur la pleine conscience chez 84 patients en rémission d'une dépression. Les participants, âgés de 18 ans à 65 ans, devaient avoir connu au cours des dernières années au moins deux épisodes dépressifs. Ils étaient tous sous antidépresseurs et ne présentaient pas de symptômes de dépression depuis au moins 7 mois. Dans le premier groupe, les antidépresseurs étaient remplacés par une thérapie cognitive fondée sur la méditation de pleine conscience. Le second groupe devait poursuivre la prise d'antidépresseurs. Dans le dernier groupe, un placebo remplaçait la méditation.

Selon les résultats, le taux de récidive de la dépression, sur une période de 18 mois, s'est élevé à 27 % dans le groupe avec antidépresseurs et à 28 % chez ceux qui suivaient la thérapie basée sur la méditation de pleine conscience. Dans le groupe placebo, elle était de 71 %.

Enfin, autre résultat intéressant, les chercheurs ont isolé les participants qui présentaient une rémission dite « instable », c'est-à-dire ceux qui étaient les plus à risque de manifester des symptômes de dépression. Qu'ils soient sous médication ou en thérapie, ils avaient 73 % moins de risque de faire une rechute que ceux du groupe placebo.

Ces études soulignent l'importance de poursuivre au moins un traitement sur une longue période chez les patients qui ont eu des dépressions à répétition. Si le chef du département de la recherche clinique du CTSM affirme clairement que la thérapie cognitive fondée sur la pleine conscience n'est pas un traitement contre la dépression, ces travaux semblent prouver qu'elle représente une alternative intéressante pour éviter les rechutes et retrouver une vie normale. D'autant que Zindel Segal estime que près de 40 % des patients traités pour une dépression majeure cessent la prise de médicaments en raison d'effets secondaires indésirables, ou parce qu'ils ne peuvent pas concevoir d'en consommer durant des années ou simplement parce qu'ils se croient guéris.

Les thérapies comportementales et cognitives

« Les thérapies comportementales et cognitives (TCC) sont des prises en charge de la souffrance psychique reposant sur une méthodologie directement issue de la méthode expérimentale appliquée au cas particulier d'une personne. Maintenant, largement connues tant du grand public que des professions de la santé, elles sont préconisées dans le traitement de troubles psychologiques variés. Plus que les techniques qu'elles emploient, elles ont l'avantage de proposer une modélisation du fonctionnement humain basée sur les théories de l'apprentissage. Ainsi, le postulat de base des TCC considère un comportement inadapté [par exemple une phobie] comme la résultante d'apprentissages liés à des expériences antérieures survenues dans des situations similaires, puis maintenus par les contingences de l'environnement.

La thérapie visera donc, par un nouvel apprentissage, à remplacer le comportement inadapté par un comportement plus adapté correspondant à ce que souhaite le patient. Le thérapeute définit avec le patient les buts à atteindre et favorise ce nouvel apprentissage en construisant une stratégie thérapeutique adaptée. » *

La thérapie cognitive fondée sur la pleine conscience s'appuie sur la reconnaissance par l'individu des émotions (tristesse, rumination, évitement) et des éléments déclencheurs qui peuvent mener à la rechute dépressive. Une telle reconnaissance vise à un meilleur contrôle sur ses pensées, dans une attitude d'acceptation et sans jugement.

* Définition de l'Association française de thérapie comportementale et cognitive (AFTCC).

COMMENT LA MÉDITATION PEUT-ELLE PRÉVENIR LES RECHUTES DÉPRESSIVES ?

Comment l'observation d'un petit grain de raisin sec peut-elle agir sur les troubles psychologiques ? Comment le fait de se poser et de se rendre disponible à l'instant présent a-t-il un effet sur l'anxiété ou la rechute dépressive ?

Les études semblent identifier l'action de la méditation à deux niveaux: d'abord, en apprenant à mieux reconnaître le processus d'apparition des pensées négatives et à prendre conscience de leur existence, la méditation empêche qu'elles se développent en cycles prolongés de ruminations. Ce mécanisme, c'est ce qu'on appelle la régulation cognitive. Mais la méditation agit aussi sur la régulation émotionnelle, en développant, par une pratique régulière, des capacités accrues d'acceptation, de recul et de modulation envers les émotions douloureuses.

Christophe André constate ainsi que « *les personnes qui méditent régulièrement ont avec leur corps un rapport beaucoup plus fin, beaucoup plus intelligent. Elles détectent mieux l'arrivée dans le corps, notamment, des émotions douloureuses ou problématiques, et sont mieux à même de les freiner* ».

En diminuant ainsi la rumination des pensées négatives et la dérégulation émotionnelle – deux facteurs aggravants de nombreuses formes de souffrances psychologiques – la méditation de pleine conscience offre donc un outil complémentaire aux traitements médicamenteux et aux prises en charge psychothérapeutiques.

PRÉVENIR ET NON TRAITER

Pour autant, la méditation ne représente pas un traitement contre la dépression, confirme Christophe André : « *Quand nos patients sont malades de dépression, ils ne peuvent pas méditer, c'est très difficile. Leur cerveau est au ralenti. Ils ont du mal à se concentrer. En revanche, la méditation vient en relais dès lors qu'ils sont sortis de la phase aiguë de la dépression, pour les aider à fonctionner différemment au quotidien.* »

Les témoignages des patients de Sainte-Anne et les résultats obtenus par son service confirment les conclusions des études cliniques menées depuis quinze ans en Europe et aux États-Unis. La méditation a bien un effet préventif sur les troubles psychologiques.

Mais cet effet ne s'explique pas seulement par une action sur les ruminations, les projections et la régulation des émotions. La méditation agit véritablement sur le cerveau. Les premières études menées dès les années 1980 sur les cerveaux des moines bouddhistes, forts de milliers d'heures de méditation, avaient déjà permis de s'en rendre compte. Plus récemment, de nombreux programmes de recherches précisent ces mécanismes et permettent de mieux comprendre ce qui se joue au niveau cérébral quand on médite. Et même après.

PAROLES DE MÉDITANTE

« Tout était un problème insurmontable »

Sara a aujourd'hui 19 ans et pratique la méditation depuis moins d'un an. Une démarche qu'elle a entreprise de son propre chef au sortir d'une grave dépression, seule puis très vite en suivant un programme MBCT.

« Trop d'anxiété et une dépression »

« Il y a un an environ, j'ai quitté mon pays, le Maroc, et ma famille pour venir à Paris faire une classe préparatoire scientifique. Assez vite, les débuts ont été difficiles. Pas tant d'ailleurs pour avoir quitté ma famille, car je connaissais quelques personnes à Paris, je n'étais pas totalement seule. Mais plus à cause de toute cette indépendance nouvelle qui a été un révélateur de problématiques d'anxiété que j'avais mises sous le tapis depuis des années, et que je ne pouvais soudain plus éviter. Tout cela s'est heurté à la dureté de la prépa scientifique, au degré d'exigence et au volume de travail qu'elle imposait. Je crois que j'ai eu très vite le sentiment de ne pas être à la hauteur et je me suis très vite noyée. Tout était source de stress et d'anxiété, tout était un problème et tout me paraissait insurmontable. Très vite, je me suis enfermée dans toutes ces pensées négatives, je n'en sortais pas, j'ai perdu le lien avec le monde qui m'entourait. J'étais seulement dans le jugement de ce qui se passait, de ce que je faisais, le jugement négatif, je vivais dans la peur du risque en me projetant sans cesse dans la catastrophe. En fait, j'ai glissé dans la dépression.

Quand je l'ai compris, d'abord je suis allée voir des psychiatres, plusieurs en fait, qui ont en effet diagnostiqué beaucoup d'anxiété. La plupart m'ont conseillé des médicaments, mais je ne voulais pas prendre de médicaments par peur de devenir dépendante, et d'apporter une solution temporaire et artificielle qui ne réglerait pas finalement mes problèmes d'anxiété en profondeur.

En me documentant, j'ai découvert que certains psychologues et psychiatres commençaient à proposer la méditation à des patients sujets à la dépression et à l'anxiété et que c'était assez efficace. C'était une piste qu'aucun des psy que j'avais vus jusqu'alors n'avait évoquée. Ce qui m'intéressait dans cette pratique, c'était l'idée d'être autonome et d'avoir des outils pour agir moi-même sur mon état. Alors j'ai commencé à essayer de pratiquer la méditation seule, mais en fait c'est très dur. Surtout quand on est en dépression ! Je pense après réflexion que j'avais peu de chance de m'en sortir avec une simple pratique méditative, sachant le degré de gravité que ma dépression avait atteint, sans l'appui d'un psychiatre/psychologue. Je sais d'ailleurs aujourd'hui que la méditation est pratiquement impossible à pratiquer quand on est au cœur de sa dépression.

Et puis quand je suis rentrée au Maroc pour les vacances d'été, j'ai rencontré une nouvelle psychiatre, et ça a tout changé. D'abord c'était la première fois qu'une relation de confiance s'instaurait. Du coup, j'ai accepté de prendre des médicaments et j'ai quand même très vite senti que ça me faisait du bien et que ça me sortait peu à peu de mes pensées négatives. Mais je lui ai dit aussi que je ne voulais pas dépendre de médicaments, et je lui ai parlé de la méditation. Pour la première fois, je tombais sur un médecin qui était ouvert à ce type de pratique complémentaire et la recommandait même vivement. Pour elle, les médicaments étaient bien une solution provisoire, mais une thérapie ou une pratique sur le long terme, comme la méditation, était nécessaire pour agir en profondeur et se substituer aux médicaments petit à petit.

De la difficulté de méditer

Quand je suis rentrée à Paris, j'ai décidé de trouver quelqu'un pour m'accompagner dans ma démarche méditative. C'est comme ça que j'ai rencontré la psychologue Soizic Michelot, qui m'a proposé de participer à un programme de huit semaines. Dans ce groupe, nous étions 7, entre 15 et 25 ans, presque tous avec des problèmes d'anxiété et de stress importants.

Au début du programme, c'était assez difficile. Soizic nous avait prévenus et surtout avait chassé nos *a priori*: contrairement à ce que je pensais, méditer ne consistait pas à devenir totalement zen et ne rien avoir dans la tête. Le "but" de la méditation est plutôt d'accepter ce flot de pensées et de prendre de la distance, en évitant les jugements. Cette approche prend à revers une certaine culture de la performance qui est prédominante dans notre société, et ça, pour une personne aussi anxieuse que moi, ça ne pouvait qu'être soulageant. Quand j'avais commencé à méditer seule, je me disais n'être peut-être pas faite pour la méditation, incapable de la pratiquer correctement.

De l'intérêt du groupe pour commencer

C'est tout l'intérêt de suivre un programme en groupe. Quand on s'initie seul à la méditation, on ne comprend pas forcément de prime abord l'esprit de la pratique, on va directement à l'exercice de méditation, on cherche l'efficacité immédiate. Du coup, ça ne se passe pas comme espéré et on se dit, ça doit être de ma faute. Mais en groupe, on se rend compte que les autres partagent les mêmes difficultés et on arrête de se blâmer sans cesse.

Ce que j'ai retenu

Aujourd'hui, en grande partie grâce à la méditation, j'ai baissé ma consommation de médicaments. J'espère arrêter bientôt, mais j'avance pas à pas.

Au-delà de la baisse des médicaments, j'ai l'impression d'avoir amélioré ma concentration, je suis moins encline à me disperser. Je vois bien quand je fais une séance de méditation et que je lis ensuite, je ne saute pas les mots comme je peux le faire souvent, je m'attache vraiment à chacun et à chaque phrase.

Mais surtout ce que la méditation a changé en moi, c'est de ne pas considérer sans cesse la situation comme un problème à surmonter, et généralement insurmontable ! Je réalise qu'avant, tout était un problème pour moi. Aujourd'hui je suis beaucoup plus dans le constat, je ne projette plus d'*a priori* catastrophistes sur la situation, je l'observe d'une façon beaucoup plus objective. J'ai l'impression d'être plus malléable, plus souple face à ce qui se présente.

Dans ma relation aux autres aussi, les choses ont changé. Avant, dans les conversations, je cherchais toujours les sous-entendus et très vite, je me sentais blessée et je m'isolais. Aujourd'hui, je ne cherche plus à interpréter, et si malgré tout, je sens qu'il y a un sous-entendu, je me dis "qu'est-ce que ça peut faire finalement ?".

Je crois que c'est ce changement dans la façon de voir les choses qui a été le plus important dans mon travail contre l'anxiété. La méditation est une invitation à profiter du moment présent et à saisir la beauté des choses simples. Quand on a une tendance anxieuse, on est tellement pris par ses pensées qu'on en devient déconnecté de ses sensations.

Et aujourd'hui ?

Après le programme j'ai eu du mal à poursuivre. Mais j'essaye de tenir une certaine régularité et, dans la mesure du possible, de méditer dix minutes par jour. Et quand je dois affronter une situation qui pourrait être difficile. On ne se transforme quand même pas ! Ce n'est pas "tiens j'ai un examen, je vais faire dix minutes de méditation et tout va bien se passer !". D'autant que c'est la pratique régulière qui agit. J'ai vraiment eu le sentiment au fil de ce programme et encore aujourd'hui, que quelque chose de profond avait évolué dans la perception que l'on a de ce que l'on vit. »

Chapitre 5

LA MÉDITATION : SOURCE D'HUMEUR POSITIVE

Les nouvelles technologies d'imagerie cérébrale permettent d'explorer le cerveau du méditant. Et dès les premières études, les découvertes ont ouvert des perspectives très stimulantes.

Nous disposons aujourd'hui d'environ trois mille études qui montrent à quel point méditer produit des effets tangibles et mesurables sur l'organisme humain. Et la recherche dans ce domaine est de plus en plus féconde. Mais au début des années 1980, les premiers chercheurs qui se sont intéressés aux pouvoirs de la méditation et à ses applications en médecine, ont fait preuve de beaucoup d'audace et, disons-le, d'esprit visionnaire.

C'est un neurobiologiste français d'origine chilienne, Francisco Varela, directeur de recherche au CNRS, qui va initier le rapprochement entre la science et la méditation après sa rencontre avec le Dalaï-Lama en 1983. Le chef spirituel des bouddhistes tibétains manifeste un intérêt tout particulier pour les questions scientifiques. Francisco Varela, lui, a découvert la méditation et le « pouvoir de ne rien faire » lors de son exil aux États-Unis. De leur dialogue vont naître les rencontres *Mind and Life* (« Esprit et vie »), qui se traduisent depuis 1987 par des réseaux d'échanges, des rencontres annuelles, en Inde, aux États-Unis ou en Europe, et des publications associant méditants bouddhistes et scientifiques.

En 2008, il y a fondé le *Center for Healthy Minds*, doté des outils de recherches les plus performants en neurosciences. Ce centre de recherche est le fruit d'études pionnières initiées dès les années 1980, quand Richard Davidson avait rejoint l'Université de Madison et qu'il y avait déjà créé le premier laboratoire de recherche consacré au cerveau et aux émotions, le *Laboratory for Affective Neurosciences*.

L'HUMEUR POSITIVE DES MOINES TIBÉTAINS, ATHLÈTES DU MENTAL…

Comment fonctionne le cerveau pendant une séance de méditation ? L'activité cérébrale est-elle très différente de celle d'un non-méditant ? La pratique régulière de la méditation peut-elle modifier la structure même du cerveau ? Et cela pourrait-il expliquer les bienfaits ressentis ?

Pour le savoir, Richard Davidson et ses collaborateurs se penchent, dans les années 1990, sur les cerveaux de moines bouddhistes, une rencontre favorisée par celle du chercheur avec le Dalaï-Lama en 1992. Mais surtout ces véritables « athlètes du mental » totalisent des milliers d'heures de méditation, bien loin devant tous les méditants formés depuis les années 1980 auprès de Jon Kabat-Zinn.

C'est l'humeur équilibrée et sereine dont témoignent de nombreux moines bouddhistes qui interroge d'abord les chercheurs. En étudiant leurs cerveaux de plus près, l'équipe de Richard Davidson découvre que le cortex préfrontal gauche (*cf.* schéma p. 186) de ces méditants est beaucoup plus actif que chez 150 sujets témoins sans expérience de la méditation. Or, dans une précédente étude, les chercheurs avaient observé que cette région du cerveau était plus active chez les personnes présentant des sentiments plutôt positifs et optimistes, alors que chez les sujets d'humeur plutôt pessimiste, voire dépressive, c'est le cortex préfrontal droit qui est davantage activé.

L'hypothèse que font alors les chercheurs de l'Université de Madison, c'est que l'humeur équilibrée et sereine qui caractérise les moines bouddhistes vient notamment de leur aptitude à activer davantage leur cortex préfrontal gauche, par la méditation. C'est une première piste pour comprendre comment cette gymnastique de l'esprit permet de réguler ses émotions.

LE CONTRÔLE DES ÉMOTIONS

Au début des années 2000, le psychologue Paul Ekman, professeur émérite à l'Université de Californie à San Francisco, s'intéresse lui aussi aux moines méditants. Spécialiste des émotions non verbales, il se penche sur la façon dont ces hommes au travail mental régulier et intense contrôlent leurs émotions.

L'une des expériences classiques pour mesurer nos réactions émotionnelles innées consiste à observer le sursaut qui nous saisit lorsqu'un violent bruit résonne à proximité de nous, un cri ou un pétard qui explose. Deux dixièmes de seconde après le bruit, cinq muscles bien particuliers du visage, notamment autour des yeux, se contractent systématiquement, par réflexe. Puis au bout de quelques dixièmes de seconde, l'expression faciale se détend.

Les psychologues ont constaté que l'intensité de cette contraction musculaire varie en fonction de l'humeur des personnes testées : celles qui sont d'une humeur plus négative, qui éprouvent de la colère ou de la tristesse, sursautent davantage. Mais comme tout réflexe, cette réaction musculaire ne peut théoriquement pas être contrôlée par notre cortex.

Quelle est la réaction émotionnelle d'un moine bouddhiste soumis à ce test du « sursaut incontrôlable » ? Paul Ekman demande au plus grand d'entre eux, le Dalaï-Lama, de se soumettre à cette expérience dans un état méditatif dit « de présence éveillée ». Le résultat est très troublant pour le psychologue : aucune contraction musculaire n'apparaît sur le visage du moine. Pas le moindre sursaut, même après le coup de feu d'un pistolet. Par la force de la méditation, mettant à distance ses émotions, le Dalaï-Lama parvient à contrôler une réaction de peur que l'on pensait automatique.

QUE SE PASSE-T-IL DANS LA TÊTE D'UN MOINE MÉDITANT ?

La méditation aurait-elle un effet particulier sur le cerveau des méditants au long cours qui induirait des évolutions propices aux idées positives et au contrôle des émotions ? Les chercheurs émettent l'hypothèse que ces capacités sont liées à la question de la concentration.

Richard Davidson rassemble un nouveau groupe de sept moines dont Matthieu Ricard, moine bouddhiste français et interprète du Dalaï-Lama. L'homme au parcours atypique a choisi la voie de la science contemplative après une thèse en génétique cellulaire. Depuis trente ans, en parallèle de son engagement spirituel, il œuvre à cette collaboration entre la tradition méditative bouddhiste et la science, et a fortement contribué aux échanges entre Orient et Occident sur ce thème.

Matthieu Ricard et ses coreligionnaires tibétains ont pratiqué la méditation entre 10 000 et 50 000 heures au cours de leur vie quand ils sont soumis à la nouvelle expérience du Pr Davidson. Le neuroscientifique français Antoine Lutz, élève de Francisco Varela, participe également à cette expérience. Celle-ci fait appel cette fois à une forme de méditation caractérisée par une compassion sans réserve pour autrui, dans laquelle l'amour et l'empathie imprègnent entièrement l'esprit, et la personne qui médite est prête à s'engager inconditionnellement pour les autres. Les scientifiques demandent aux moines de maintenir cet état pendant un court intervalle puis de s'en affranchir.

Pendant ce temps, il enregistre l'activité cérébrale, qui se manifeste par la propagation d'influx nerveux entre les neurones, au moyen de 256 électrodes réparties sur toute la surface de leur crâne. La comparaison avec des sujets novices en méditation révèle alors des différences flagrantes.

LA MÉDITATION RENFORCE LA PRODUCTION D'ONDES GAMMA

Un certain type d'ondes produites par l'activité électrique du cerveau – les ondes gamma, que l'on appelle aussi « le rythme gamma » – a une amplitude nettement plus forte dans le cerveau des moines en méditation. Et ces ondes se propagent dans tout leur cerveau, alors qu'en règle générale, chez des sujets non entraînés, elles sont beaucoup plus limitées dans le temps et dans l'espace. Le rôle du rythme gamma n'est pas encore clairement établi par les neuroscientifiques, mais l'une des principales hypothèses est qu'il permet une synchronisation de l'activité des neurones dans différentes zones du cerveau. Cette synchronisation est importante notamment dans la perception visuelle.

Par exemple, lorsque l'on observe un oiseau en plein vol, sa forme, sa couleur, sa trajectoire, son chant, toutes ces informations sont traitées par des groupes de neurones répartis dans des régions distinctes du cerveau. Et pourtant, immédiatement, nous sommes capables de reconnaître une hirondelle qui passe au-dessus de notre tête et se dirige vers son nid. Pour cela, notre cerveau a dû regrouper instantanément les influx nerveux provenant des multiples aires cérébrales stimulées, en les synchronisant.

Les oscillations gamma interviendraient donc dans les processus de perception consciente de notre environnement, dans l'attention sélective, la concentration et l'apprentissage. Selon certains neuroscientifiques, comme April Benasich du département de neurosciences de l'Université de Rutgers à Newark (États-Unis), elles agissent comme une forme de « colle » qui permet de relier les différentes perceptions, les pensées et la mémoire.

Aussi impassible qu'un moine bouddhiste en méditation puisse paraître, son cerveau est donc loin d'être inactif. Au contraire, il y règne apparemment une très grande effervescence, les influx nerveux s'y propagent d'une façon extrêmement coordonnée, ce qui pourrait expliquer pourquoi la méditation est un moyen d'atteindre d'autres états de conscience.

MODIFICATION D'ÉTAT OU MODIFICATION FONCTIONNELLE ?

Une question se pose cependant : est-ce véritablement la méditation qui façonne ainsi les cerveaux des moines bouddhistes ou ces derniers sont-ils prédisposés, pour d'autres raisons, aux idées positives, aux humeurs régulées et à une forme d'activité cérébrale « optimisée » ?

Pour répondre à cela, l'équipe de Richard Davidson a mené une autre étude en recrutant cette fois des sujets parmi les employés d'une société en biotechnologies proche du laboratoire de l'Université de Madison. Les 46 sujets ont été répartis de façon aléatoire en deux groupes, pour moitié dans un groupe de contrôle et pour moitié dans un groupe invité à suivre un programme d'entraînement à la méditation de huit semaines.

Les chercheurs observent alors que l'entraînement à la méditation a laissé des traces. Sur l'électroencéphalogramme, l'activité du cerveau frontal des sujets du groupe méditation s'était déplacée durant l'entraînement de l'hémisphère droit vers l'hémisphère gauche. De surcroît, les sujets disent se sentir mieux, être moins anxieux et de meilleure humeur.

Ces études pionnières, conduites entre les années 1980 et le début des années 2000, n'expliquent pas encore tous les mécanismes cérébraux induits par la pratique de la méditation, mais elles convergent dans une même direction : la méditation plonge le méditant dans un état modifié de conscience et produit donc un changement d'état propice à une amélioration psychologique globale.

Selon Matthieu Ricard, « *méditer ne signifie pas être assis sous un manguier et prendre du bon temps. Il s'agit d'une modification profonde de l'être. À long terme, on devient une autre personne* ». Mais ces modifications induites par un tel travail cérébral se prolongent-elles au-delà de la pratique méditative ?

Chapitre 6

MUSCLER SON ESPRIT : MÉDITATION ET NEUROPLASTICITÉ

Plus qu'un changement d'état, la méditation provoque un réel changement fonctionnel dans le cerveau et s'apparente à ce titre à un véritable entraînement cérébral.

Jusque dans les années 1990, on considérait que les très nombreuses connexions entre les neurones, nécessaires à la propagation des influx nerveux, et donc à l'activité cérébrale, étaient établies au cours de l'enfance et restaient figées jusqu'à la mort. On sait désormais que l'activité cérébrale se réorganise jusqu'à un âge avancé, en fonction des expériences de chacun. La structure même de notre cerveau peut se modifier. Par exemple, dans le cortex d'un pianiste, qui s'entraîne très régulièrement, les réseaux de neurones sollicités par cette activité se renforcent, de nouvelles connexions s'établissent, les zones du cerveau dédiées aux mouvements des mains vont même s'épaissir et la dextérité augmenter. C'est ce que l'on nomme la plasticité cérébrale ou neuroplasticité, c'est-à-dire la capacité du cerveau à remodeler ses connexions en fonction de l'environnement et des expériences vécues par l'individu.

Cette plasticité ne s'opère pas uniquement suite à un entraînement physique. Elle peut aussi être le résultat d'un travail mental, tel que la méditation. «*Au départ, on s'est beaucoup intéressé à l'état méditatif, c'est-à-dire l'état de conscience modifiée, mais avec l'IRM on s'est rendu compte que de véritables modifications s'opéraient dans notre cerveau. Pas seulement un changement d'état donc, mais un changement également anatomique ou fonctionnel dans le cerveau, qui s'inscrit dans le temps, et peut même devenir la nouvelle norme de fonctionnement*», explique Gaëlle Desbordes, neurobiologiste à Boston, États-Unis, au *Martinos Center for Biomedical Imaging* du *Massachussetts General Hospital* qui, depuis 2002, étudie ces modifications fonctionnelles.

Ainsi la méditation pratiquée comme un véritable entraînement mental, intense et régulier, à l'instar d'un entraînement sportif que l'on ferait subir à notre corps, améliorerait nos performances. Derrière les yeux clos et le corps immobile du méditant, un travail en profondeur s'opère qui modifie durablement certaines aires du cerveau.

L'AMYGDALE, CENTRE DE L'ANXIÉTÉ

Gaëlle Desbordes s'intéresse tout particulièrement à une petite zone du cerveau, l'amygdale (*cf.* schéma p. 186), qui traite les émotions, en particulier la peur et l'anxiété, et gère les mécanismes du stress. « *Les personnes qui souffrent de troubles d'anxiété ou qui ont eu des traumatismes psychologiques, ont traversé plus d'expériences qui sollicitent l'amygdale. Cela a eu pour conséquence de faire grossir cette zone. Mais nous avons découvert que ces effets étaient réversibles* » explique-t-elle.

Chez les personnes dépressives, l'activation permanente de l'amygdale enferme les patients dans une spirale sans fin d'idées noires et morbides. Pour comprendre comment la méditation peut contribuer à corriger ce dysfonctionnement du cerveau, Gaëlle Desbordes leur propose un programme de médiation intensive de huit semaines.

Avant le début du programme, la chercheuse ausculte leur cerveau au scanner afin de mesurer la taille de l'amygdale et d'observer les réactions du cerveau face à certains stimuli. Sur un écran, elle diffuse aux patients des phrases symptomatiques de leur état psychique, des phrases qu'ils ressassent sans arrêt pendant leur crise de dépression. « *Je suis un perdant* », « *Je laisse tomber les gens* », « *Je suis seul face au monde* ».

La neuroscientifique demande à ses patients dépressifs de laisser résonner les mots pendant 20 secondes avant d'essayer de s'en libérer totalement. Les résultats du scanner montrent que leur amygdale reste active trop longtemps

La méditation, le sport de notre cerveau

Pr Richard Davidson

« Depuis la fondation du *Center for Healthy Minds* en 2008, toutes nos recherches consistent à comprendre ce qui participe de la bonne santé de notre esprit et à identifier les mécanismes cérébraux sur lesquels elle repose pour mieux les consolider, car nous estimons en effet que le bien-être est indissociable d'un esprit en bonne santé.

D'un point de vue neuroscientifique, nous avons identifié quatre marqueurs ou quatre constituants de bien-être que nous étudions systématiquement. Le premier, que nous nommons la résilience, est la rapidité avec laquelle nous surmontons les épreuves, et nous avons remarqué que les gens plus enclins aux idées positives et possédant un esprit en bonne santé se remettent plus rapidement. Le second est ce que nous nommons les perspectives positives, c'est-à-dire la capacité intrinsèque de percevoir la bonté dans l'Autre, et de posséder une propension aux émotions positives au quotidien. Le troisième constituant est l'attention, et nous avons observé à cet égard qu'un esprit dispersé a plus de chances d'être un esprit malheureux. Le quatrième enfin est la générosité, qui active dans le cerveau des circuits favorables au bien-être.

Grâce aux observations permises par l'imagerie cérébrale, nous savons aujourd'hui que chacun de ces constituants est associé à des circuits spécifiques de neurones, capables d'évoluer en fonction d'une expérience ou d'une situation.

Dans ce processus, le rôle de la méditation est majeur car elle offre un outil pour modifier ces "neuro circuits" de façon intentionnelle. Il existe de nombreuses formes de méditation qui toutes contribuent à cultiver notre bien-être, mais nous savons désormais que chaque type de méditation active plus particulièrement tel ou tel neuro circuit, et contribue ainsi à consolider tel ou tel constituant.

La méditation est en quelque sorte à l'esprit ce que le sport est au corps. Dans les pays occidentaux, l'activité physique fait partie de la vie d'un grand nombre d'individus car nous sommes convaincus qu'elle est bonne pour notre santé. De la même manière, nous devrions prendre soin de notre cerveau et la méditation offre cet exercice mental capable de prendre soin de lui. On pourrait objecter que les méditants que l'on observe semblent tout à fait immobiles et donc dans une posture très antinomique avec la notion même d'exercice. Pourtant, celui qui médite engage son cerveau d'une façon extrêmement active.

Et nous espérons vraiment qu'un jour, cet exercice sera pratiqué de façon aussi naturelle que l'est l'activité physique aujourd'hui dans nos pays. »

après la stimulation, même lorsqu'ils essayent de ne pas se focaliser sur ces phrases négatives.

Mais après huit semaines de méditation, qu'observe-t-on? Le fonctionnement cérébral de ces patients s'est modifié: ils sont désormais capables de «désengager» leur amygdale et de «renormaliser» la réponse de leur cerveau aux émotions. Et effectivement, deux mois plus tard, chez la plupart des sujets testés, l'amygdale a réduit en taille et cesse de s'activer dès l'exercice terminé.

Est-ce à dire qu'en méditant huit semaines on peut muscler son cerveau autant qu'on muscle son corps par la pratique d'un sport? «*Oui*, répond la chercheuse, *la méditation est une forme de sport du cerveau. Mais à la différence du sport physique, on ignore encore s'il y a une corrélation entre le temps passé à méditer et les effets sur le cerveau.*»

Le programme de Gaëlle Desbordes se poursuit jusqu'en 2019, date à laquelle elle pourra enfin tirer toutes les conclusions de ses études. La prudence est donc encore de mise. Pour autant, les premières observations vont bien dans le sens des témoignages des patients méditants de Sainte-Anne ou du *Mindfulness Center*, qui confirment tous ce type de bénéfices.

Si Gaëlle Desbordes reste prudente, les progrès de l'imagerie cérébrale ont fait considérablement progresser la recherche et on peut désormais observer que les effets de la méditation perdurent bien au-delà de la seule durée d'une séance.

La méditation n'opère donc pas seulement un simple changement d'état pendant le temps de la méditation, mais elle produit aussi un véritable changement fonctionnel dans le cerveau qui s'inscrit dans la durée. D'autres études montrent que l'amygdale n'est d'ailleurs pas la seule zone cérébrale qui change quand on médite régulièrement tout au long de sa vie. Méditer modifie profondément de nombreuses régions de notre cerveau. La reconnaissance de cette capacité d'action de la méditation sur le fonctionnement de notre cerveau en fait un « outil » de recherche particulièrement intéressant, que le domaine clinique commence à décliner et à adapter en fonction des pathologies et des publics auxquels il s'adresse.

Chapitre 7

MÉDITER POUR TRAVERSER L'ADOLESCENCE

Face aux troubles particuliers associés à l'adolescence, la pratique de la méditation de pleine conscience s'adapte. Ses effets sont de plus en plus étudiés.

Si les recherches sur l'efficacité de la pleine conscience ont été initialement menées auprès d'adultes, certaines commencent à se pencher sur d'autres types de publics, et notamment les plus jeunes.

Depuis quelques années en effet, forts des nombreux résultats mettant en lumière l'efficacité préventive de la méditation sur un certain nombre de troubles psychologiques, les deux principaux programmes d'entraînement à la pleine conscience (MBSR et la MBCT) ont commencé à être proposés, sous des formes adaptées, à des enfants et des adolescents, dans une perspective thérapeutique ou non, en milieu scolaire et hors contexte scolaire.

Soizic Michelot est l'une des psychologues qui propose ces programmes. Formée à la MBSR au *Center for Mindfulness* créé par Jon Kabat-Zinn, puis à la MBCT auprès de l'un de ses fondateurs, Zindel Segal, elle reçoit depuis plus de dix ans dans son cabinet des publics adolescents aux profils divers. Certains ne souffrent d'aucune pathologie particulière et sont simplement animés des questions existentielles très vives qui traversent cette période de la vie. D'autres se trouvent en situation de décrochage scolaire, sont sujets à des troubles de l'attention, du sommeil, ou connaissent des épisodes dépressifs.

L'adolescence est une période de transition souvent confrontée au doute et aux ruminations de toutes natures. C'est un âge complexe où se forment les personnalités, où l'on s'interroge beaucoup sur soi-même, sur son identité, et où l'on est particulièrement sensible au regard et au jugement des autres, une dimension aujourd'hui exacerbée par les logiques narcissiques des réseaux sociaux et les enjeux de performance et de popularité qu'ils imposent.

« *Ce que l'on observe principalement, c'est que les ados ont souvent du mal à gérer leurs émotions et qu'ils sont confrontés à deux problématiques majeures : l'anxiété de performance et le manque de confiance sociale, dans un réflexe constant de comparaison avec les autres. On rencontre beaucoup de jeunes dans l'autocritique et dans l'auto-sabordage permanents, ce qui les paralyse à l'école ou dans leurs relations* », décrit la psychologue.

Outre les souffrances psychologiques qu'elles peuvent provoquer, ces problématiques conduisent aussi parfois à des comportements psychosociaux plus dangereux, comme l'agressivité envers les autres ou envers soi-même, ou des pratiques addictives liées à une quête constante d'intensité qui seule donnerait du sens à leur vie, mais finit par être source de grande détresse psychique. Pourquoi et comment la méditation apporterait-elle une réponse, voire une solution aux problèmes de l'adolescence ?

LES CERVEAUX DES ADOLESCENTS : UN FONCTIONNEMENT PARTICULIER

Un certain nombre des comportements impulsifs, agressifs et difficiles à maîtriser qu'expriment les adolescents et que l'on a longtemps mis sur le compte de l'asocialité, pourrait être expliqué aujourd'hui grâce à l'imagerie cérébrale. Elle montre aux chercheurs que les cerveaux des jeunes ne fonctionnent pas tout à fait comme ceux de leurs aînés.

Contrairement à ce que l'on a longtemps pensé, le cerveau continue à se développer tardivement au cours de l'adolescence et même au-delà, jusqu'à l'âge de 20 ou 30 ans. La première distinction entre un cerveau mature et celui d'un jeune adolescent se situe au niveau du cortex préfrontal. Cette zone est impliquée dans un grand nombre de fonctions cognitives supérieures, comme la prise de décisions rationnelles ou la planification des actes à plus ou moins longue échéance.

Mais elle intervient aussi dans le contrôle des émotions et dans l'inhibition de comportements inadaptés à une situation. La gestion des relations sociales et de l'attitude vis-à-vis des autres mobilise donc le cerveau préfrontal.

L'ÉLIMINATION DES CONNEXIONS INUTILES

Chez les adolescents, le volume de matière grise dans cette partie du cortex est plus important que dans un cerveau adulte. Il atteint son maximum vers 11-12 ans chez les filles et vers 13-14 ans chez les garçons, avant de commencer à décliner.

La matière grise contient le corps des neurones et les connexions entre neurones (les synapses). Les connexions se créent par milliards chaque jour pendant la toute petite enfance, faisant grossir la matière grise et offrant à l'enfant d'extraordinaires facultés d'apprentissage. Au cours de cet apprentissage, un tri s'opère dans le foisonnement de neurones et de connexions synaptiques. Les réseaux neuronaux qui sont stimulés sont renforcés. Ceux qui sont inutiles sont éliminés.

À l'adolescence, cet « élagage synaptique » n'est pas achevé, en particulier dans le cortex préfrontal où le volume de matière grise va diminuer progressivement.

« *Au final, l'adolescence fait perdre 15 % de matière grise. Entre 11 et 21 ans au moins, le cerveau vit une période critique au cours de laquelle les neurones et les connexions utilisés vont survivre et croître, tandis que les autres vont se flétrir et mourir.*

Conséquence : un adolescent qui reste vautré devant la télévision cultive surtout les neurones servant à rester vautré devant la télévision ! », explique le Dr Jay Giedd, qui dirige le département de psychiatrie de l'enfant et de l'adolescent à l'Université de Californie à San Diego, aux États-Unis.

Chez les adolescents, toutes ces connexions inutiles en phase de « tri » contribueraient à troubler les processus cognitifs comme la planification, l'organisation, l'élaboration de stratégies ou la gestion des émotions. C'est parce que leur cortex préfrontal n'est pas encore bien structuré que les adolescents ont du mal à inhiber leurs comportements impulsifs et émotifs, ou à se projeter dans l'avenir pour comprendre les conséquences de leurs actes.

En outre, le cortex préfrontal, et plus particulièrement le cortex préfrontal médian (*cf.* schéma p. 186), est aussi impliqué dans la compréhension des intentions et des émotions d'autrui. Ce qui est important pour guider son propre comportement. Là encore, pour un adolescent, comprendre l'autre (son point de vue, ses émotions, ses intentions…) serait donc plus difficile tant que cette zone cérébrale n'a pas achevée son développement et son « élagage synaptique ».

En revanche, à l'adolescence, une autre région du cerveau est déjà bien développée et très active : le cerveau limbique (*cf.* schéma p. 186), centre des émotions, mais aussi de la récompense et du plaisir. C'est lui qui évalue les émotions procurées par les situations et déclenche la production d'hormones comme l'endorphine lors des sensations de plaisir ou d'adrénaline lors des prises de risques. Chez les adolescents, le cerveau limbique s'avère hypersensible, alors que la zone du cerveau qui devrait leur permettre d'évaluer le danger et de freiner la prise de risque – le lobe préfrontal (*cf.* schéma p. 186) – lui est encore « en friche ».

L'HYPOTHÈSE DE LA MÉDITATION CONTRE LES DIFFICULTÉS DE L'ADOLESCENCE

Les chercheurs en psychologie savent aujourd'hui que chez les adolescents, les lacunes des fonctions exécutives liées à l'immaturité du cortex préfrontal, ainsi que la forte activité du centre des émotions et du plaisir, jouent un rôle dans le développement de diverses difficultés psychologiques, comme les compulsions, l'hyperactivité et le TDAH (trouble du déficit de l'attention avec hyperactivité).

Certains neuropsychologues se sont donc intéressés à la méditation car, on le sait désormais (*cf.* chapitre 5), elle peut agir sur l'activité de ces régions du cerveau. Ils ont fait l'hypothèse qu'elle pourrait favoriser une meilleure stabilité dans la gestion des émotions et de certains comportements, en plus d'apporter une réponse au stress auquel les adolescents sont confrontés, notamment au niveau scolaire.

PAF
TUT
Bip
PAF
Bip
Bip
TUT
PiF
TUT
Bip
PAF
PiF
Bip
TUT
Bip
PAF
Bip
Bip
PiF
PAF

UNE MODIFICATION DES COMPORTEMENTS PSYCHOSOCIAUX

En 2012, des chercheurs en psychologie de l'Université catholique de Louvain, en Belgique, ont publié une synthèse de vingt et une études menées auprès de publics jeunes dans les dix années précédentes. Ces études s'inscrivent essentiellement dans le champ psychologique. L'outil d'évaluation principal est un questionnaire soumis à un groupe d'adolescents avant et après un programme d'entraînement à la pleine conscience, et à un groupe témoin non entraîné.

S'ils restent prudents au regard des outils d'évaluation qu'ils jugent encore insuffisants, les scientifiques tirent néanmoins un certain nombre de conclusions particulièrement encourageantes.

UNE AMÉLIORATION DE L'ATTENTION

Cela concerne en particulier l'attention. De nombreuses études l'ont montré, le déficit d'attention entraîne, chez les enfants et les adolescents, des difficultés de mémoire, de raisonnement et d'apprentissage scolaire. Mais ce déficit peut aussi avoir des conséquences sur l'estime de soi, les relations interpersonnelles et les comportements en classe et à la maison.

Or, selon plusieurs études citées dans cette synthèse réalisée par les chercheurs belges, à l'issue d'un programme d'entraînement à la pleine conscience, les adolescents présentent une diminution des plaintes en matière d'attention, qu'elles soient rapportées par les parents, par l'enseignant ou par le jeune lui-même. Et pour ceux qui bénéficient d'un entraînement supplémentaire de sept semaines, l'amélioration de l'attention s'accroît encore, notamment du point de vue du jeune.

En parallèle, les adolescents affirment dans leur grande majorité être davantage capables d'observer leur expérience et de la mettre en mots, d'adopter une attitude de non-jugement par rapport à l'exercice interne de méditation, et de mieux parvenir à agir plutôt qu'à réagir.

Pour les enseignants et les parents, il semble que la méditation, en aidant les adolescents à prendre conscience de leur propre fonctionnement émotionnel, contribue à réguler des situations de réactions automatiques ou impulsives qui leur échappaient auparavant.

PRÉVENTION DE L'ANXIÉTÉ ET DE LA DÉPRESSION CHEZ LES JEUNES

Outre la question de l'attention, de réels bénéfices ont été observés en matière de prévention de la dépression et de l'anxiété chez les jeunes. En 2012, ce même groupe de chercheurs en psychologie de l'Institut de recherche de l'Université catholique de Louvain s'est intéressé aux effets possibles de la pratique méditative sur le risque de dépression des adolescents. Leur étude, menée dans cinq écoles secondaires de Flandre, était alors l'une des premières à évaluer l'efficacité d'une thérapie de l'attention auprès de cette population. 408 jeunes âgés de 13 à 20 ans ont été divisés en deux groupes, un groupe test qui a reçu une formation à la méditation de pleine conscience et un groupe témoin. Les deux groupes ont rempli un questionnaire sur leurs éventuels symptômes de dépression, niveaux de stress ou d'anxiété, au début de l'étude, puis à l'issue de la formation, et enfin six mois plus tard.

Au départ, le nombre de participants présentant des symptômes dépressifs était le même dans le groupe test et dans le groupe témoin (respectivement 21 % et 24 %). Après la formation, ils étaient nettement moins nombreux dans le groupe test, soit 15 % contre 27 % pour le groupe témoin. Six mois après la formation enfin, ce taux avait encore baissé, atteignant 16 % contre 31 % pour le groupe témoin.

Il y a pour l'instant trop peu d'études neuroscientifiques fondées sur l'imagerie cérébrale pour pouvoir mesurer avec précision l'effet physiologique des programmes d'entraînement sur les cerveaux des adolescents. Mais les travaux des chercheurs en psychologie montrent bien qu'en modifiant la façon d'entrer en relation avec leurs pensées et leurs émotions négatives, la pleine conscience apprend aux jeunes à ne pas s'engager dans un processus de ruminations mentales dit « non constructif ». Or c'est précisément ce type de ruminations, facteur de vulnérabilité à la dépression chez l'adolescent, qui augmente l'apparition d'épisodes dépressifs majeurs. À cet égard, plusieurs études citées dans la synthèse de l'Université de Louvain mettent en évidence une augmentation des pensées dites constructives et une diminution des ruminations non constructives après un programme d'entraînement de huit semaines de méditation de pleine conscience.

Les résultats d'autres études menées depuis en Belgique et aux États-Unis convergent et tendent à prouver qu'une thérapie de l'attention telle que la pleine conscience concourt à réduire chez les jeunes les symptômes de dépression ainsi que leur évolution chronique, tout comme chez les adultes.

DES PROGRAMMES ADAPTÉS

« *Proposer la méditation à un public adolescent n'a rien d'une évidence,* reconnaît Soizic Michelot. *C'est d'abord un âge où l'on a tendance à rejeter par principe toute proposition adulte. Mais c'est aussi un âge où on se laisse souvent déborder par ses pensées et ses émotions, et amener un jeune à un travail d'attention et de concentration lui demande un effort véritable qu'il faut motiver et accompagner* », précise la psychologue.

Pour faire accepter ce programme de méditation, les soignants ne doivent donc pas mettre en avant une intention thérapeutique précise. Ils invitent simplement les adolescents à développer une attention et une curiosité bienveillante à tout ce qui se passe dans leur tête et autour d'eux.

Cette absence d'objectif à atteindre est importante car elle ne s'inscrit pas dans un nouvel enjeu de performance et de jugement. L'intention n'est pas de faire d'un adolescent un grand méditant, mais bien *« de le mettre en contact avec ce qu'il est, de le sensibiliser à son monde interne, son monde sensitif, son monde proprioceptif, son monde cognitif, son monde émotionnel »*, indique Soizic Michelot. « *En l'invitant à faire l'expérience de la méditation, l'idée est de lui faire prendre conscience d'un certain nombre de choses dans sa relation au monde et à lui-même, et de le laisser ressentir cette ressource intérieure régulatrice et apaisante qu'il possède, et qu'il est capable de mobiliser.* »

En France c'est principalement le programme *Mindful UP* créé par la psychologue clinicienne et psychothérapeute Jeanne Siaud-Facchin qui est proposé aux adolescents, soit dans les centres Cogito'Z qu'elle a fondés dans une dizaine de villes en France et désormais également à Londres, soit par d'autres instructeurs indépendants. Il s'inscrit dans la même durée de huit semaines que le programme de méditation de pleine conscience destiné aux adultes, mais Jeanne Siaud-Facchin a travaillé sur certains aménagements plus adaptés à un public jeune.

La forme de méditation proposée aux adolescents est notamment plus participative, elle les invite à s'impliquer par eux-mêmes au fil de l'expérience. Les séances sont plus ludiques et plus interactives. Une grande partie est consacrée à « comprendre et décoder », pour expliquer concrètement comment fonctionne notre cerveau face au stress, aux émotions, etc. Les exercices pour amener les jeunes à se concentrer, se détendre mobilisent davantage leur créativité. Ils travaillent à partir d'images, ou lors de séances de brainstorming autour de questions comme « c'est quoi une pensée ? ». Sont enfin aussi privilégiés les moments d'échanges et de retours d'expérience, qui permettent de s'appuyer sur le vécu de chacun.

QUE DISENT LES JEUNES MÉDITANTS ?

« *L'exercice du grain de raisin m'a fait prendre conscience des petites choses de la vie, en fait il faut profiter des petites choses de la vie, pas besoin de grandes choses pour que la vie soit cool* » ; « *J'ai appris à ramener mes pensées là où je veux qu'elles aillent* » ; « *J'ai compris que le lendemain ce sera demain* » ; « *Je culpabilise moins de faire ce que je fais ou d'être ce que je suis, je ne suis pas doublement en colère d'être en colère* » ; « *Mon cerveau est comme un immense serveur informatique qui m'envoie des notifications constamment et j'ai compris que je n'étais pas obligé de toutes les ouvrir* », sont quelques-unes des phrases entendues dans son cabinet par Soizic Michelot, consignées au fil du temps.

Sans avoir mené une étude scientifique au sens strict, la psychologue note globalement que les jeunes qui suivent le programme en ressortent moins enclins à l'autodépréciation, et présentent un comportement plus aimant envers eux-mêmes. Pour certains, qui vont parfois jusqu'à s'automutiler, l'enjeu est d'importance. L'amélioration de l'estime de soi permet aussi de s'affranchir du jugement et du regard des autres, aujourd'hui démultipliés sous l'injonction des réseaux sociaux.

La méditation pour les enfants ?

Les enfants sont particulièrement sensibles aux stimuli extérieurs. Or ils évoluent dans un contexte de plus en plus soumis à l'accélération du temps, à la pression scolaire et sociale, et aux sollicitations multiples. Les troubles de l'attention sont aujourd'hui l'un des premiers motifs de consultation en psychologie de l'enfant et deviennent un véritable enjeu de santé publique. Plus globalement, ce trop-plein est propice au stress et à ses effets qui peuvent affecter le parcours personnel de l'enfant, en perturbant ses apprentissages scolaires par une perte de confiance ou d'estime de soi, et même parfois son plaisir de vivre.

Les études scientifiques menées depuis trente ans sur les adultes ont démontré que la méditation avait un effet bénéfique sur ces deux questions, le stress et la capacité attentionnelle. Face aux constats sur l'évolution des troubles psychologiques qui touchent les enfants, la méditation est une proposition qui fait son chemin.

La méditation de la grenouille

Mais comment faire pratiquer la méditation à un public incapable de rester en place plus de quelques secondes et trop jeune encore pour tenir un raisonnement intérieur sur la durée ?

Aux Pays-Bas, depuis quelques années, la psychologue Eline Snel promeut une méthode de méditation de pleine conscience adaptée aux enfants. La méthode, dite méditation de la grenouille, aujourd'hui traduite dans de nombreux pays, propose des méditations courtes, adaptées à leur âge et à leur rythme, qui, par de petites histoires, les invite à se poser, à rester calme et à se concentrer sur leurs sensations intérieures et extérieures. La clé de la méditation étant l'apprentissage, il était évident que la forme devait convenir à ce public peu disposé à rester longtemps en place, physiquement et mentalement. Mais comme pour les adolescents, l'objectif n'est pas d'en faire de grands méditants : la méditation de la grenouille les invite à faire une pause, à être attentif à soi-même et à éprouver, par l'expérience, le plaisir et le bénéfice de la pleine conscience. Aux Pays-Bas, les résultats positifs exprimés par les enfants, mais aussi par les enseignants et les parents, ont incité le ministère de l'Éducation à former l'ensemble des enseignants à cette pratique.

En France la psychologue Jeanne Fiaud-Sacchin, fondatrice d'un réseau de diagnostic et de prise en charge des troubles des apprentissages scolaires, Cogito'Z, a introduit il y a quelques années des ateliers de pleine conscience dans un établissement scolaire de Marseille. Ces ateliers concernaient 18 collégiens de 6ᵉ, âgés de 10 à 12 ans, et consistaient à leur faire réaliser des exercices simples de concentration et de respiration adaptés de la pleine conscience. Les témoignages très encourageants des professionnels scolaires, des jeunes comme des parents, ont convaincu la psychologue de poursuivre l'aventure dans d'autres établissements scolaires français et de créer aussi en parallèle des ateliers de découverte destinés aux plus jeunes, qui rencontrent un succès grandissant.

La science s'intéresse aux plus jeunes

Avec l'apparition de pratiques de méditation pour les enfants, la science se penche, elle aussi, sur ce jeune public. Des études ont été menées en particulier par des chercheurs de l'Université de Californie à San Diego, aux États-Unis, et de l'Université de Cluj-Napoca, en Roumanie, auprès d'enfants scolarisés (âgés de 7 à 9 ans, et de 9 à 13 ans). Elles ont évalué les effets de la pleine conscience sur les performances des fonctions exécutives et celles du cortex préfrontal qui régit l'attention, la concentration, la mémorisation, la planification ou encore la métacognition (capacité à contrôler son raisonnement). Les résultats ont souligné une amélioration du contrôle exécutif, de la métacognition et de l'impulsivité, tandis qu'une étude complémentaire, menée quelques mois plus tard, montrait une amélioration des capacités de contrôle cognitif des enfants dans 64 % des cas.

Face à ces résultats très stimulants et à l'importance des enjeux, la pratique commence à se diffuser, tandis que les études scientifiques sur les effets psychosociaux de la méditation sur les enfants se développent.

Globalement, Soizic Michelot observe quatre types d'améliorations chez les jeunes qu'elle accompagne : un apaisement psychique réel, l'apprentissage d'une nouvelle façon d'être et de vivre, l'ouverture à une nouvelle perception d'eux-mêmes et de leur environnement, enfin une libération de leur potentiel intellectuel et créatif.

Au regard de résultats aussi encourageants, pourquoi ne pas généraliser la sensibilisation et l'apprentissage à la pleine conscience en milieu scolaire ? Aux États-Unis et en Grande-Bretagne, l'expérience commence à se développer avec toujours les mêmes résultats positifs. Elle permet d'obtenir un meilleur climat général dans les classes grâce à une baisse de l'agressivité, de l'impulsivité des jeunes, une amélioration de l'attention et des relations interpersonnelles. Ainsi, un jour peut-être, comme les Pr Davidson et Kabat-Zinn l'appellent de leurs vœux, la méditation fera partie des enseignements ordinaires de la jeunesse, et constituera une pratique aussi naturelle et nécessaire de leur quotidien que le sport ou le brossage des dents !

PAROLES DE MÉDITANT

« Un flux constant de pensées dans la tête »

Orphée a 18 ans, il est en terminale S et s'apprête à entrer en école d'ingénieur. Il y a trois ans, il a suivi le programme d'entraînement à la pleine conscience proposé par Soizic Michelot. Une démarche suggérée par sa mère qui n'avait pas d'objectif thérapeutique particulier pour cet adolescent sans souffrance apparente.

Depuis toujours, un flux intense de pensées

« J'ai commencé la méditation en fin de troisième. C'est ma mère qui nous a proposés à mes deux sœurs et moi, de participer à un programme de méditation. Il faut préciser que ma mère, Claire Mizzi, est psychologue, et qu'elle a fait partie des premiers soignants français à se former à la méditation, auprès de Jon Kabat-Zinn aux États-Unis notamment, puis du Dr Christophe André ensuite en France. Alors la méditation, je baignais un peu dedans depuis que j'étais petit, même si je n'avais jamais pratiqué.

Adolescent, je n'avais pas particulièrement de problème d'attention, de déprime ou d'anxiété. J'étais plutôt calme, souvent plongé dans mes pensées. En fait, depuis tout petit m'a-t-on dit, je pouvais passer des heures plongé dans mes pensées, sans prêter aucune attention au monde autour de moi.

En grandissant, ça n'a pas changé, j'ai toujours gardé l'impression d'un flux constant et très intense de pensées qui me traversaient l'esprit, mais ça ne me posait pas de problème. Parfois ça m'empêchait de m'endormir et c'est vrai que j'étais assez fatigué mais globalement j'aimais toutes ces pensées, elles faisaient partie de moi, de ma personnalité.

Des réserves à l'origine

Cette proposition n'avait donc pas d'objectif thérapeutique. Simplement, je pense que ma mère était convaincue des bénéfices que la méditation peut apporter, et qu'elle nous offrait aussi une forme d'ouverture d'esprit vers une autre façon de fonctionner qui pourrait nous aider dans notre quotidien, dans nos études, et dans notre vie à venir. Au début j'étais très réticent. Je pensais que ça allait tarir le flot de mes pensées, que j'allais perdre toute ma créativité.

Et puis j'ai fini par suivre mes sœurs chez une instructrice en MBSR, Soizic Michelot, qui travaillait particulièrement avec des jeunes. Pendant huit semaines, une séance hebdomadaire avec elle et des exercices à faire à la maison. Et un entretien individuel avant de commencer pour en savoir un peu plus sur chacun d'entre nous.

On a commencé par des méditations sur le souffle, pour nous rendre attentifs à notre respiration et entrer avec elle dans notre corps. Au début ça a été très compliqué, parce que j'avais sans cesse des pensées qui m'assaillaient et je partais dans tous les sens. Mais au bout d'un moment, j'ai commencé à suivre ces flots de pensées, à les repérer, à voir comment elles arrivaient et se bousculaient, et même à les trier.

Ensuite nous avons fait des méditations sur les ressentis émis dans notre corps, et ça m'a fait prendre conscience de plein de petites douleurs auxquelles je n'avais jamais fait attention. Là aussi j'ai commencé à les identifier, et à sentir comment elles arrivaient et repartaient. Avec le recul, je crois que j'ai pris conscience que j'avais un corps, pas seulement une enveloppe corporelle je veux dire, mais vraiment que j'étais fait aussi d'un corps.

Je canalise mieux mes émotions

Je ne sais pas si la pratique de la méditation a provoqué un gros changement dans ma vie, mais ça m'a fait réfléchir à tout un tas de choses auxquelles je n'avais jamais réfléchi avant. J'ai compris que dans les centaines de pensées qui traversaient mon esprit à tout instant, il y en avait beaucoup d'inutiles, qui relevaient d'un simple pilotage automatique, que je ne maîtrisais pas, et qu'il était possible de mieux concentrer mon attention pour me focaliser sur les pensées utiles.

Aujourd'hui quand je sens que ça part dans tous les sens, je me raccroche à une sensation autour de moi, pour revenir sur mon idée initiale et ne pas être dans une sorte de déperdition d'énergie cérébrale.

Je suis devenu aussi plus sensible à la façon dont je fonctionne, et dont mes émotions fonctionnent. Étant quelqu'un qui réagit très fortement aux émotions, je sais désormais être attentif à la manière dont elles surviennent, je les sens arriver et je parviens à mieux anticiper mes réactions et à les canaliser davantage.

Ensuite ça m'a vraiment appris à être présent aux sensations et aux situations du moment. Pour moi qui pouvais être un peu coupé du monde, ça m'a rendu plus attentif aux autres aussi. Et en méditant, j'ai la sensation d'une amélioration de la qualité de vie, peut-être juste parce que je suis plus attentif et plus conscient des moments ou des sensations heureuses et que ça rejaillit sur ma façon de voir mon quotidien, mais c'est quelque chose que je ressens vraiment.

Plus de devoirs !

Enfin, dans mes études, je sens que ça m'aide, par la concentration notamment. J'étais capable de me concentrer pendant des heures sur une activité précise, le bricolage par exemple, mais la méditation pousse encore plus loin cette capacité de concentration. Je fais partie des élèves qui ne travaillent pas du tout en dehors de l'école et qui ont un bon niveau. Pendant le cours, si on est vraiment attentif, on peut écouter, prendre des notes et faire le travail d'associer ces connaissances nouvelles à celles déjà acquises. Du coup le soir, je n'ouvre pas mes cahiers.

Ma pratique aujourd'hui

Après le programme, comme beaucoup de méditants je crois, j'ai eu du mal à pratiquer tout seul. C'était très irrégulier, même si de façon informelle, il y avait plein de moments où j'avais le réflexe de la pleine conscience. Mais cette année, à la veille de rentrer dans une école d'ingénieur où il me faudra mobiliser mon cerveau, j'ai décidé de m'y remettre plus régulièrement, comme si chaque jour je m'imposais une séance de sport et d'entraînement de cerveau d'une quinzaine de minutes. Et comme le sport, ce temps de méditation est un moment de bien-être, surtout dans les périodes stressantes des examens et des enjeux d'avenir, où les pensées partent le soir dans tous les sens à l'idée des lendemains. »

Chapitre 8

MÉDITER POUR TRAVERSER LE GRAND ÂGE

Les vulnérabilités psychiques et physiques des adultes âgés ne leur permettent pas toujours une pratique aisée de la méditation. Mais les premières expériences consacrées à cette population offrent des perspectives intéressantes pour répondre à leurs besoins.

Si l'étude des bénéfices de la méditation sur les troubles des plus jeunes commence à se développer, rares sont les travaux consacrés aux plus âgés.

Or, parce qu'ils doivent affronter à la fois des défis psychologiques particulièrement forts (deuils de proches, maladies, déclin), des troubles physiologiques importants (douleurs, diminution des capacités liées au vieillissement de l'organisme) et un changement de leur rôle social, les personnes âgées sont une population sujette à la détresse psychologique et émotionnelle d'une part, et aux douleurs chroniques d'autre part. Elles font donc partie des populations les plus exposées aux troubles sur lesquels, nombreuses études scientifiques à l'appui, la méditation semble avoir une action positive.

LES LIMITES DE LA RÉPONSE MÉDICAMENTEUSE

Longtemps les réponses apportées aux troubles du grand âge ont été médicamenteuses, mais les soignants observent aujourd'hui les limites de ce type de réponse, soit en raison des effets secondaires néfastes de certains médicaments comme les anti-inflammatoires sur les fonctions rénales, cardiovasculaires ou gastro-intestinales, soit à cause des risques de confusion ou de chutes parfois causés par les opioïdes par exemple. Alors les médecins cherchent de nouvelles pistes thérapeutiques et s'orientent vers des propositions de prises en charge pluridisciplinaires.

Au regard des découvertes récentes liées à l'impact de la méditation sur les douleurs chroniques, ainsi que sur les troubles psychologiques tels que l'anxiété ou la dépression, celle-ci n'offrirait-elle pas une perspective intéressante et particulièrement adaptée à une population vieillissante ?

VIEILLISSEMENT ET DOULEUR CHRONIQUE : DES OBSTACLES POUR MÉDITER

Si très peu d'études à ce jour ont cherché à évaluer l'impact chez nos aînés d'un programme d'entraînement mental sur la régulation de l'attention et des émotions, type MBSR ou MBCT, peut-être est-ce parce que l'on a d'abord supposé que les spécificités du grand âge étaient difficilement compatibles avec cette pratique.

Un tel travail cérébral requiert en effet un engagement et un effort d'attention coûteux pour le patient, notamment dans les premiers temps du programme. Or différentes études ont montré que les personnes âgées présentent une diminution de leurs capacités d'attention d'une part, et que les douleurs chroniques dont elles souffrent souvent perturbent encore davantage leur régulation émotionnelle et attentionnelle.

En 2004, une étude menée par le professeur Apkarian, chercheur en physiologie à l'École de médecine Feinberg de la Northern University de Chicago (États-Unis), a montré que la douleur chronique pouvait être définie comme une maladie dégénérative, qui induisait un dysfonctionnement des zones cérébrales impliquées dans les fonctions exécutives.

Ces fonctions nous permettent de formuler des objectifs, de planifier des stratégies adaptées pour les atteindre, puis de contrôler les résultats de nos actions et d'adopter en conséquence d'autres stratégies ou actions. Elles demandent en effet beaucoup d'attention et de concentration. Mais les zones du cerveau qui les réalisent sont aussi celles qui sont mobilisées dans la prise en charge de la douleur et de sa régulation.

Or, les zones du cerveau qui s'occupent de nous rapprocher de nos objectifs, ou du choix des actions pour chaque décision consciente, sont aussi utilisées dans la prise en charge de la douleur et de sa régulation.

En effet, comme ce qui paraît évident pour nos mains, le cerveau peut réaliser différentes tâches mais pas simultanément : nous pouvons nous gratter la tête et mettre une fourchette dans la bouche, mais pas avec la même main en même temps. De même, en cas de douleur, il y a compétition pour le cerveau entre différentes tâches : la prise en charge de la douleur ou la prise en charge des objectifs. Et généralement, c'est la douleur qui capture toute l'attention et l'activité des zones cérébrales concernées.

Parmi les patients étudiés sous IRM par Vania Apkarian dans le cadre de son étude, ceux atteints de douleurs chroniques du dos montraient en outre une diminution de matière grise au niveau des cortex préfrontaux et du thalamus droit de 5 à 11 % par rapport à des sujets contrôles, soit l'équivalent de la matière grise perdue sur une période comprise entre 10 et 20 ans lors du vieillissement normal !

Une étude de 2009 menée auprès d'un public adulte par les professeurs Johan Vlaeyen et Geert Crombez, du département de psychologie de l'Université de Louvain, en Belgique, a montré que la douleur chronique était vécue par ceux qui la subissaient comme une menace pour leur intégrité physique et que la réaction automatique qu'ils opposaient à ce danger était « *une réponse émotionnelle de peur et un processus d'évitement* ».

En résumé, les études menées sur la douleur chronique, que ce soit sur un public âgé ou non, révèlent qu'elle induit une altération de processus cognitifs qui se manifestent au minimum par des troubles de l'attention et de la concentration. Quand la douleur est chronique, la capture de l'attention par la douleur empêche de se concentrer et détériore la qualité de vie dans tous ses aspects. Chez les personnes âgées, la douleur entraîne souvent une difficulté à se mobiliser, donc un handicap physique. Et comme elles manifestent une diminution de l'attention liée au vieillissement, son amoindrissement par la douleur les empêche de se concentrer sur les actions quotidiennes ou sur leurs objectifs à moyen terme.

Reste à savoir si ces déficits attentionnels sont trop invalidants et si les douleurs chroniques perturbent la régulation des émotions, au point de mettre la méditation hors de portée des plus âgés ou des plus souffrants.

ÉVALUER LA PERTINENCE DE LA MÉDITATION POUR LES ADULTES ÂGÉS

Emmanuelle Decker, psychologue spécialisée en psychologie cognitive et neuropsychologie et en IBPC (Interventions basées sur la pleine conscience), attachée à l'Université de Montpellier Paul-Valéry, a choisi d'y consacrer sa thèse.

Dans cette perspective, elle a conçu un programme de recherche destiné aux adultes âgés, indépendants et vivant chez eux, souffrant de douleurs chroniques.

Elle a mis en œuvre un programme adapté à cette population spécifique pour évaluer la faisabilité et l'efficacité de l'entraînement cérébral. La méditation de pleine conscience étant un entraînement mental attentionnel et émotionnel qui augmente les capacités attentionnelles, elle suppose dès le départ que le patient en dispose. Il faut de l'attention pour entraîner l'attention !

L'hypothèse testée par Emmanuelle Decker était que, malgré les déficits attentionnels – provoqués, nous l'avons vu,

à la fois par la douleur qui capture toute l'attention, et par la capacité attentionnelle affaiblie par l'âge –, les personnes âgées pourraient trouver un bénéfice à cet entraînement mental. Son objectif principal était donc d'évaluer la pertinence de son hypothèse, et d'étudier la faisabilité et les modalités d'un tel programme.

Pour mener à bien ce travail de recherche, elle a invité un groupe d'adultes âgés, vivant de façon autonome à leur domicile, à suivre un entraînement MBCT durant huit semaines. Le groupe de départ était composé de 36 personnes. Trois ont été hospitalisées (cancer de l'œil, cardiopathie, opération de l'épaule), deux ont abandonné entre la première et la deuxième semaines de programme. Au final, 31 personnes ont suivi le programme complet.

UN PROGRAMME ADAPTÉ

L'effort physique et attentionnel requis par la pratique méditative a rapidement confirmé que certains aspects du MBCT devaient être adaptés à cette population spécifique.

En premier lieu, la chercheuse s'est attachée à faire évoluer les postures physiques habituelles de la méditation, trop contraignantes parfois pour un public âgé et pouvant affecter la capacité d'attention des participants. Pour s'adapter aux difficultés initiales des personnes gênées par leur douleur et par l'âge, plusieurs postures statiques étaient proposées. Par exemple, les exercices qui se font normalement assis, le dos droit et souple, pouvaient être réalisés recroquevillés ou debout en étant accroché à une chaise. Chacun des participants adoptait la position « idéale » aux possibilités de son corps. Et ces positions multiples du début ont évolué vers la position classique au cours du programme, mais sans contrainte. La posture n'est pas l'enjeu.

Pour les exercices « dynamiques », les postures du yoga classique ont été abandonnées et remplacées par des mouvements de mobilisations douces, de *do-in* (technique d'auto-massage issue de la médecine traditionnelle chinoise, qui par pression des doigts en certains points du corps, vise à détendre, relaxer et redonner de l'énergie), sur des jeux autour de l'équilibre dans le déséquilibre...

D'autres adaptations du programme classique ont concerné à la fois les résumés oraux de fin de séance en groupe, et les résumés écrits donnés aux participants : ceux-ci étaient raccourcis et s'appuyaient sur des illustrations figuratives ou des métaphores dessinées plutôt que sur un texte seul. L'objectif était de faciliter la compréhension en diminuant le besoin d'attention pour retenir/comprendre et de renforcer l'intention du programme. De fait, cette restitution par images projetées s'est avérée plus pertinente qu'un retour d'expérience fondé sur le raisonnement, les adultes âgés étant plus enclins à un mode de perception sensoriel qu'à un mode discursif pour appréhender l'expérience.

Une dernière adaptation enfin a été réalisée : les temps d'entraînement ont été réduits de 45 minutes à 15 ou 20 minutes.

DES CONCLUSIONS STIMULANTES

Les résultats de l'étude ont permis de montrer une diminution de la douleur moyenne et une meilleure régulation émotionnelle face aux tracas de la vie. Ils rapportent aussi une augmentation de la capacité à bouger ou reprendre des activités comme le sport (marche, vélo), le ménage, conduire...

L'étude du discours des patients a aussi fait ressortir des mots-clés ou des commentaires fréquemment rapportés par la plupart des participants. Ainsi, lorsqu'ils parlent du programme ou de leur vie depuis sa mise en œuvre, les mots qui reviennent le plus souvent sont « apaisement émotionnel », « focalisation » ou « attention » sur la respiration ou sur le corps. Il semblerait, dans leur discours, que l'apaisement soit provoqué par cette focalisation. Pour quelques-uns, les mots répétés sont aussi « transformation » ou « autre vision » des choses.

Ces différents effets paraissent avoir apporté une réponse adaptée aux besoins des participants car les résultats montrent que plus de 85 % d'entre eux continuaient à s'entraîner seuls trois mois après.

Si Emmanuelle Decker reste prudente et que des études complémentaires seront nécessaires pour préciser les bénéfices de la méditation sur les plus âgés, quantitativement et qualitativement, ces résultats n'en sont pas moins très encourageants, notamment dans les situations, de plus en plus nombreuses, où la prise en charge pharmacologique n'est plus suffisante.

PAROLES DE MÉDITANTE

« Un soulagement presque immédiat de mes douleurs lombaires »

Bernadette, 68 ans, pratique la méditation depuis trois ans. Une découverte que cette jeune retraitée hyperactive a faite par hasard, initialement invitée à participer à un programme de recherche contre la douleur.

Des problèmes d'arthrose et de lombalgie

« Il y a trois ans, alors que je faisais une cure thermale pour soigner mes problèmes d'arthrose et de lombalgie, on m'a proposé de participer à un programme de recherche scientifique dirigée par une psychologue. À ce moment-là dans mon souvenir, il n'était pas question de méditation mais d'un programme qui étudiait une façon non médicamenteuse de gérer et soulager les douleurs chroniques. La proposition m'a plutôt enthousiasmée, étant moi-même sujette à ce type de problématiques et très réservée de façon générale à l'idée de prendre des médicaments. C'est d'ailleurs pour cela que depuis des années, j'avais privilégié des méthodes plus douces comme les cures thermales et la gym Pilates.

Je dois dire en outre qu'à ce stade, si l'on m'avait parlé de méditation, je n'aurais sans doute pas participé. La méditation pour moi était associée à une pratique très ésotérique, liée à la religion.

Des *a priori* disparus avec la pratique

J'ai donc suivi les huit semaines de programme proposées par son initiatrice, Emmanuelle Decker. J'avais des CD à écouter à la maison, des exercices de respiration à faire, des retours d'expérience à consigner par écrit, et puis une séance par semaine en groupe avec elle.

Au début, je n'ai pas compris que c'était de la méditation de pleine conscience, d'autant que je ne connaissais ni le terme ni la pratique. J'associais davantage ce que nous faisions à de la relaxation. En fait, c'est par l'expérience progressive que j'ai découvert la méditation, et non par une présentation théorique en amont. Et, comme j'étais déjà dans le "faire", et dans le ressenti des premiers bénéfices, tous mes *a priori* sont tombés. Au bout de quelques séances, le mot méditation de pleine conscience est apparu, j'apprenais donc à méditer, guidée qui plus est par une personne avec laquelle une véritable relation de confiance s'était instaurée. Je constatais que ça n'avait rien d'ésotérique, de sectaire ou de religieux, et surtout que ça me faisait du bien.

Un véritable soulagement des douleurs

En ce qui concerne mes problèmes de dos, la méditation a apporté un bénéfice presque immédiat. En prenant conscience de mon corps, en prenant le temps de l'écouter, j'ai appris à identifier la douleur, son fonctionnement, la façon dont elle arrive et s'installe. Autrefois quand j'avais mal, je faisais des mouvements de gym, d'assouplissements, qui me faisaient du bien. Mais je faisais cela mécaniquement, sans chercher à comprendre ni à être attentive à ce qui se passait dans mon corps.

Aujourd'hui, quand la douleur arrive, je sens le besoin de m'étirer, je prends mon tapis de sol, je m'allonge, je me mets dans une certaine posture et je glisse vers la pleine conscience par la respiration. Et je sens véritablement la douleur, je la localise précisément au niveau des lombaires et comme je la maîtrise bien, je parviens à la faire partir. À chaque fois ça fonctionne et je suis tranquille au moins pour la journée. Je sens vraiment quelque chose de différent grâce à cette intense attention portée à mon corps, que je n'avais jamais expérimentée auparavant.

Voir la vie autrement

Mais à vrai dire, j'ai très vite senti que quelque chose se passait bien au-delà du soulagement physique, et ce fut un effet auquel je ne m'attendais pas du tout. Quelque chose dans ma façon d'appréhender le quotidien, la réalité, la vie en somme. J'ai trois enfants, qui sont grands maintenant, j'ai travaillé toute ma vie dans le secteur hospitalier, autant dire que le temps a toujours filé sans que je m'en rende compte. Je suis par ailleurs quelqu'un de très "speed", assez stressée sans doute par tout ce qu'il y avait à gérer. J'ai toujours été dans la projection du coup d'après, de ce qu'il y avait à faire, de ce qu'il restait à faire.

La méditation m'a invitée à me poser, à me rendre attentive à l'instant présent, à m'écouter, à faire quelque chose que je n'avais jamais vraiment fait: prendre soin de moi, profondément, au-delà des séances de sport que j'ai toujours pratiquées. Et ça a été une prise de conscience très importante, qui s'est immiscée dans mon quotidien.

Comme pour apprendre à profiter vraiment, profondément, des beaux instants que m'offre la vie. J'ai eu plein de moments heureux, mais je pense que je n'ai jamais pris le temps de les observer véritablement, de les ressentir et de les vivre pleinement. J'ai l'impression depuis que je médite d'avoir appris à jouir de la vie en pleine conscience. J'habite au bord de la mer, et chose que je ne faisais jamais, je prends le temps d'aller me baigner très régulièrement. Je savoure chaque sensation, juste en étant totalement présente à cet instant. Et ça m'apporte un profond sentiment de bien-être et d'apaisement.

Un outil pour affronter les épreuves

La méditation est aussi devenue pour moi un outil très précieux pour affronter les épreuves, ou les situations de stress. Aujourd'hui, je m'éloigne de la source de stress et je vais méditer quelques minutes, j'utilise ma respiration pour me recentrer sur moi, je mets à distance ce qui allait me faire sortir de mes gonds, puis je reviens et n'explose plus comme ça pouvait le faire avant.

Face à une situation qui me préoccupe, je m'arrête, j'anticipe j'essaye de la visualiser. En ce moment, je traverse une période très difficile avec la maladie de ma mère, et très souvent, quand je sens des projections négatives arriver, je m'arrête, je me pose, je visualise la situation objectivement, et ça me soulage.

J'ai découvert la méditation tardivement, en l'expérimentant par hasard, mais sans doute était-ce le bon moment. Le temps de la retraite, même si je reste très active, est un moment où on a un peu plus de temps et moins d'objectifs permanents. Ce qui peut être angoissant et un peu vertigineux.

Alors redécouvrir soudain les bonheurs de l'instant présent, apprendre à jouir de chaque moment, à prendre soin de soi si on ne l'a jamais fait avant, tout cela paraît extrêmement pertinent et bienvenu à cet âge de la vie et très précieux pour relever ce défi. Pour le bien de mon corps comme de ma tête.

À la fin du programme de huit semaines, j'ai vraiment eu du mal à poursuivre seule cette pratique. Formellement, je méditais de façon très sporadique, même si ce que ça avait changé dans ma façon de voir les choses ne s'est jamais démenti.

Et puis c'est revenu, assez naturellement et aujourd'hui je médite pratiquement chaque jour. Ce n'est pas un rendez-vous précis à une heure précise comme le font certains. C'est quand le besoin s'en fait sentir. Et je n'envisage plus d'arrêter. J'ai même assez envie de suivre un nouveau programme !

LES EFFETS PHYSIOLOGIQUES DE LA MÉDITATION

La méditation n'a pas seulement
d'effets sur notre cerveau
et nos états mentaux. En modifiant
nos perceptions – la peur,
l'appréhension de la douleur… –
et en agissant sur le stress,
elle agit aussi sur notre organisme,
ouvrant de nouveaux champs
de recherche très prometteurs.

Chapitre 9

À LA CROISÉE DE LA PSYCHOLOGIE ET DE LA PHYSIOLOGIE : LES EFFETS DE LA MÉDITATION SUR LA DOULEUR

La méditation de pleine conscience réduit non pas la douleur elle-même, mais sa perception. Les expériences cliniques semblent le prouver, et, au regard de leurs formidables perspectives, ces mécanismes sont aujourd'hui étudiés de près par la science.

Nous sommes à l'hôpital de la Pitié-Salpêtrière, à Paris, dans le service de néphrologie. Le professeur Corinne Isard Bagnis est assise, les yeux fermés, entourée d'une dizaine de patients eux aussi les yeux fermés. Ils ne font rien. Rien sauf se concentrer sur les mouvements de leur respiration. Ce qui est déjà beaucoup. Ils méditent.

Depuis 2012, Corinne Isard Bagnis propose à ses patients des sessions de méditation de pleine conscience. «*J'ai très vite considéré que cet outil pouvait être utile à des personnes qui vivent avec une maladie chronique pour leur permettre de mieux gérer le stress du quotidien, l'anxiété et les douleurs générés par leur pathologie*», explique cette spécialiste des infections rénales qui s'est formée aux techniques de méditation dans le centre créé par Jon Kabat-Zinn, à Boston (*cf.* chapitre 2).

Parmi les patients qui suivent ses séances de méditation, certains souffrent de coliques néphrétiques, d'autres ont eu une transplantation rénale ou sont traités par dialyse. Tous ont choisi le chemin de la méditation pour les aider à mieux vivre leur maladie et mieux tolérer les traitements lourds qu'ils doivent suivre.

Lorsque le Pr Isard Bagnis a découvert la méditation, elle a très vite associé cette pratique au programme d'éducation thérapeutique qu'elle développe dans son service. Son objectif est de travailler sur l'autonomie des patients, de développer leurs capacités d'auto-soin en les amenant à être plus à l'écoute des symptômes de leur maladie et à mieux gérer les traitements. «*Nous aidons nos patients à être capables de déceler de nouvelles sensations dans leur corps et de s'interroger,* explique-t-elle *: est-ce un effet secondaire du traitement ? Ou bien est-ce ma maladie qui évolue ? Et ils doivent pouvoir en parler avec l'équipe médicale pour construire ensemble le parcours de soins. De ce point de vue, la méditation aide de manière concrète les malades à se reconnecter à leurs corps et à leurs sensations.»*

RÉDUIRE LA PEUR D'AVOIR MAL POUR AVOIR MOINS MAL

En France, d'autres centres hospitaliers ont intégré la pleine conscience dans leurs programmes thérapeutiques complémentaires, notamment le centre anticancéreux Gustave-Roussy à Villejuif, le service de rhumatologie du CHU de Strasbourg ou encore l'Hôpital européen Georges-Pompidou. Dans ce grand hôpital parisien, le Dr Claire Vulser, responsable du centre d'évaluation et de traitement de la douleur, propose la méditation parmi d'autres techniques psychocorporelles comme la relaxation ou l'hypnose.

La pleine conscience, selon elle, permet d'éviter ou au moins de réduire «*l'anticipation anxieuse de la douleur, c'est-à-dire le fait d'avoir en permanence peur d'avoir mal*». Un symptôme que décrivait déjà Michel de Montaigne en ces termes : «*Qui craint de souffrir, il souffre déjà ce qu'il craint.*»

Avoir peur d'avoir mal, c'est déjà avoir mal. Cette peur est très subjective. La dimension affective et émotionnelle de la douleur peut être tout aussi importante que la douleur physique elle-même.

Lorsqu'on a mal quelque part, le signal douloureux qui part d'un organe remonte par la moelle épinière jusqu'au cerveau où l'information est traitée par plusieurs zones qui interfèrent entre elles. C'est ce que les neurologues appellent « la matrice de la douleur ». Le message douloureux est encodé, filtré, amplifié ou réduit en fonction de notre humeur, de notre anxiété et de notre vécu.

« *La méditation ne fait pas disparaître la douleur mais elle change notre relation à la douleur* » explique Antoine Lutz, chercheur à l'Inserm au Centre de neurosciences de Lyon, qui a participé aux premières études scientifiques sur les effets de la méditation. Avec Richard Davidson, de l'Université de Madison, il a comparé la réaction neurologique à la douleur chez des méditants expérimentés et chez des novices. Pour provoquer une sensation douloureuse, ils ont placé sur la peau des volontaires un appareil qui produit une légère brûlure à 49 °C.

Dès que les chercheurs prévenaient les novices qu'ils allaient dans quelques secondes ressentir une douleur, leur cerveau réagissait comme si la douleur était déjà là. La « matrice de la douleur » manifestait une activité intense avant même que la brûlure leur soit infligée. Et une fois que le stimulus douloureux avait été envoyé puis stoppé, plusieurs zones de la douleur continuaient à être activées. Au contraire, chez les méditants experts, il n'y avait aucune anticipation-réflexe de la douleur. Et après la brûlure, le retour à la normale était beaucoup plus rapide.

Par la méditation, les patients perçoivent la réalité de leur douleur telle qu'elle est, dans l'instant présent, sans projection, sans exagération.

LA MÉDITATION AGIT SUR PLUSIEURS VOIES DE LA DOULEUR

Il existe aujourd'hui dans tous les hôpitaux un outil de mesure qui permet aux patients d'évaluer le niveau de douleur qu'ils ressentent, sur une échelle de 1 à 10, et au personnel soignant d'adapter la dose de traitement antalgique en fonction de l'intensité de la douleur.

Cette échelle de mesure a été utilisée par un chercheur de l'Université Wake-Forest en Caroline du Nord, Fadel Zeidan, pour évaluer l'efficacité de la méditation contre la douleur en comparant ses effets à ceux obtenus avec un traitement placebo.

Pour cette étude, publiée en 2015, Fadel Zeidan et son équipe ont fait appel à soixante-quinze volontaires ne souffrant d'aucune maladie ni de douleur particulière, répartis en plusieurs groupes. Un groupe a suivi des sessions de vingt minutes de méditation de pleine conscience pendant quatre jours. Un autre groupe a été formé à son insu à une fausse technique de méditation, une « méditation placebo » appelée Sham. Il s'agissait d'une simple relaxation qui consistait à respirer profondément. Un troisième groupe n'a pratiqué aucune forme de méditation et s'est vu administrer un traitement placebo – une crème sans aucune propriété analgésique. Ces trois groupes ont été comparés à un groupe de contrôle à qui l'on ne donnait rien.

Pendant l'expérience, les volontaires se sont installés dans un scanner IRM pour visualiser l'activité de leur cerveau alors qu'on leur infligeait sur la jambe une brûlure à 49 °C. Ils devaient ensuite évaluer sur une échelle graduée l'intensité de la douleur et également l'impression désagréable provoquée par cette douleur, ce qui correspond à la réponse émotionnelle à la douleur.

Résultats : la méditation de pleine conscience a permis de diminuer l'intensité de la douleur de 27 % et le désagrément engendré par cette douleur de 44 % par rapport au groupe témoin. Dans le groupe qui s'est vu administrer une crème placebo sur la brûlure, l'intensité de la douleur n'a été réduite que de 11 % et la réponse émotionnelle de 13 %. Quant au groupe Sham, qui a suivi une méditation placebo, la diminution des deux aspects de la douleur est de 9 % et 24 %.

La relaxation a donc un effet relatif sur la perception de la douleur, mais la méditation de pleine conscience montre une efficacité clairement plus importante que n'importe quel placebo. Elle pourrait même être plus efficace que la morphine dans la perception émotionnelle de la douleur, selon Fadel Zeidan. En infligeant la même brûlure légère à des volontaires qui avaient reçu une dose clinique de morphine, la perception désagréable de la douleur diminue en effet de 20 % (contre 44 % avec la méditation).

Grâce aux images IRM réalisées pendant l'expérience, Fadel Zeidan a pu voir comment le cerveau des « vrais méditants » traite la douleur. Et il a découvert que l'activité cérébrale était très différente de celle des groupes placebo. La méditation agit sur différents chemins de la douleur. Elle active deux zones impliquées dans l'évaluation subjective et l'autocontrôle de la douleur, le cortex orbitofrontal, une zone située juste au-dessus des yeux, et le cortex cingulaire antérieur (*cf.* schéma p. 186). À l'inverse, la méditation désactive une autre zone importante, le thalamus (*cf.* schéma p. 186), qui est la porte d'entrée dans le cerveau des signaux douloureux provenant de toutes les parties du corps.

Selon l'hypothèse proposée par Fadel Zeidan, la méditation permettrait de fermer cette porte d'entrée ou du moins de réduire le passage des signaux de la douleur vers les zones supérieures du cerveau où ils sont traités.

Les chercheurs restent prudents car cette étude a été menée sur des volontaires qui ne souffraient d'aucune douleur. Mais Fadel Zeidan estime que quatre séances quotidiennes de vingt minutes de méditation pourraient réduire les douleurs ressenties par de nombreux malades.

PAROLES DE MÉDITANTE

« Me réconcilier avec mon corps »

Anne est une patiente du Pr Isard Bagnis, néphrologue à l'hôpital de la Pitié-Salpêtrière. Âgée de 53 ans, elle est chargée de recherche au CNRS où elle étudie l'oncogenèse, c'est-à-dire les mécanismes qui transforment une cellule saine en cellule cancéreuse. Elle médite depuis 12 ans.

Ses pathologies

« À l'origine, j'ai été victime d'un accident vasculaire à l'âge de 20 ans en 1985, j'ai dû être transfusée et malheureusement, j'ai été contaminée par le virus du sida

J'ai donc en permanence des traitements lourds à supporter, des examens médicaux, des périodes de stress à gérer. Au début, dans le contexte des années 1990 où beaucoup de gens mourraient du sida, j'ai eu des moments de grande fragilité psychologique et physique.

Pendant longtemps, j'ai vécu dans un profond sentiment de conflit avec mon corps. Je le portais comme un boulet, comme une part pourrie de moi qui me gâchait la vie.

La rencontre avec la méditation

J'étais déjà sensible à la question de la méditation car j'avais commencé à lire des choses sur le bouddhisme, sur la quête du bonheur, et certains ouvrages du Dr Christophe André. Je cherchais des moyens d'échapper à cette chape de plomb que je sentais sur moi au quotidien. Mais j'en étais restée à la théorie.

Et puis un jour, dans la salle d'attente de l'hôpital où je suis suivie pour une maladie chronique du rein, l'hôpital de la Pitié-Salpêtrière, je suis tombée sur un prospectus qui proposait des séances de méditation.

Les premières séances ont été pénibles. Ce fut un véritable effort. La concentration qu'elles exigeaient était souvent difficile à obtenir et elles provoquaient une vraie lutte intérieure. Ce que la méditation m'a apporté n'est pas arrivé immédiatement. Ça a pris plusieurs séances. Mais au bout d'un moment, j'ai commencé à ressentir des évolutions, des changements à différents niveaux.

Les bénéfices médicaux et au quotidien

Le premier et peut-être le plus important, ce fut la sensation de me réapproprier ce corps que je rejetais et que je portais comme un poids et une souffrance. En reprenant conscience de son existence, en acceptant d'être à son écoute à travers celle de ma respiration par exemple, j'avais soudain pour lui une considération nouvelle que je n'avais plus depuis longtemps.

C'est un effet auquel je ne m'attendais pas du tout, qui est apparu au bout de quatre ou cinq séances. Il m'a mis sur une voie nouvelle, celle de prendre soin de lui désormais.

Je dirais ensuite que non seulement la méditation m'a appris à savourer le moment présent, mais elle m'a progressivement donné le sentiment de pouvoir agir sur mes douleurs, physiques comme psychologiques. Et c'est un bénéfice énorme que je n'espérais pas à ce point, et qui m'apporte une forme d'apaisement que je n'avais pas avant.

Enfin la méditation a profondément amélioré mon rapport aux autres, qui était entaché de peur et de méfiance. J'ai aujourd'hui un rapport plus direct et plus ouvert, et je porte sur les autres un regard bienveillant que je n'avais pas du tout.

Contrairement à ce que l'on peut penser, la méditation n'est pas du tout une pratique statique. Elle repose sur un flux incessant et un passage continu du souffle à l'intérieur du corps. C'est un mouvement permanent, de bas en haut et de haut en bas, que l'on ressent et que l'on observe de l'intérieur. C'est une sensation assez extraordinaire d'ailleurs.

Certes, tout cela demande pas mal d'entraînement, et il faut admettre que c'est assez contraignant au regard des vies que nous menons. Mais dans les moments de flemme ou de manque de temps, je me dis que je me sentirai tellement mieux si je prenais le temps de méditer.

La méditation n'a pas effacé mes problèmes médicaux. Depuis que je la pratique j'ai subi plusieurs opérations, et je sais que je serai soumise à des protocoles médicamenteux, à des examens, et à des moments difficiles toute ma vie.

Mais grâce à elle, j'ai appris à prendre du recul et j'ai la sensation de prendre tout mieux qu'autrefois, comme si désormais nous étions deux pour affronter tout ce parcours, la tête et le corps, une sorte de partenariat qui n'existait pas, et qui me fait envisager la vie d'une façon très positive, dont j'étais incapable auparavant.

Il y a quelque temps, j'ai arrêté pendant deux ou trois mois et j'ai vraiment senti la différence. Cette pratique, cette discipline du quotidien me stabilise, m'apaise, et, à vrai dire, me fait me sentir vivante. »

Chapitre 10

AU CŒUR DES EFFETS PHYSIOLOGIQUES DE LA MÉDITATION : SON ACTION SUR LE STRESS

Par une meilleure gestion des émotions et des pensées négatives, la méditation peut agir contre les effets délétères du stress chronique, à l'origine de nombreuses pathologies.

Lorsqu'à la fin des années 1970, Jon Kabat-Zinn lance son programme de méditation de pleine conscience au sein du prestigieux MIT, l'Institut technologique du Massachussets (*cf.* chapitre 2), il a en ligne de mire l'un des plus grands fléaux de notre époque, le stress. Un des éléments ayant inspiré le fondateur du *Center for Mindfulness* est le rapport de 1979 sur la santé publique aux États-Unis, intitulé *Être en bonne santé*. « *C'était la première fois*, note Jon Kabat-Zinn, *que les autorités médicales déclaraient que le stress était un facteur de morbidité et de mortalité, en d'autres termes une maladie.* »

Depuis, les effets délétères du stress chronique et les pathologies qu'il induit ont été confirmés par de nombreuses études. L'Organisation mondiale de la santé (OMS) considère le stress comme la grande pandémie du XXIe siècle. En France, ne serait-ce que dans le domaine professionnel, environ deux salariés sur trois seraient touchés par le stress. Les maladies et les arrêts de travail liés à ce fléau ont un coût évalué à 1,6 milliard d'euros par an pour la Sécurité sociale.

Et pourtant, d'un point de vue biologique, le mécanisme du stress est indispensable à notre survie. C'est une réaction instinctive qui nous permet de faire face à un danger.

LE BON STRESS NOUS SAUVE LA VIE

Lorsque notre cerveau détecte une menace quelconque, il déclenche automatiquement une série de réponses biologiques qui vont stimuler nos organes vitaux et mobiliser nos forces. Cette mobilisation se déroule en trois phases.

La première, c'est l'alarme. Avant même que notre cortex ait eu le temps d'analyser la situation, le système nerveux autonome – qui régule certaines fonctions automatiques de l'organisme – provoque la sécrétion de deux hormones du stress, l'adrénaline et la noradrénaline dont le rôle est de préparer notre organisme à combattre ou à fuir. Notre rythme cardiaque et notre respiration s'accélèrent. La tension artérielle monte. Le tonus musculaire et les réflexes se renforcent. Les poils se hérissent pour améliorer notre sens du toucher. Les pupilles se dilatent pour accroître notre vigilance. Nous sommes prêts à nous surpasser pour sauver notre peau.

Si l'agression se poursuit, l'organisme stressé entre dans la deuxième phase : la résistance. Une nouvelle cascade d'hormones active les glandes surrénales, situées au-dessus des reins, qui vont se mettre à sécréter davantage de cortisol. Cette autre hormone du stress augmente la production de sucres par le foie et libère des graisses stockées dans notre organisme. Sucres et acides gras vont fournir un surplus d'énergie à notre corps et en particulier à nos muscles.

À l'inverse, les fonctions digestives sont ralenties afin de concentrer l'énergie disponible sur les organes mobilisés pour affronter le danger.

Mais notre organisme ne peut pas tenir longtemps dans cet état de mobilisation générale. Cette réaction n'est prévue que pour répondre à un stress aigu de courte durée.

Une fois le danger passé ou contourné, le système nerveux autonome enclenche la troisième phase : la récupération. Un mécanisme vient freiner la production de cortisol pour le ramener à son niveau basal (de repos). La consommation d'énergie se réduit. Le rythme cardiaque et le rythme respiratoire ralentissent. Les muscles se détendent. Ce retour à l'équilibre s'opère normalement en quelques minutes.

Mais à ce bon stress aigu est venu s'ajouter, dans nos sociétés contemporaines, un stress psychosocial chronique face auquel notre organisme n'est pas adapté.

LE MAUVAIS STRESS NOUS EMPOISONNE LA VIE

Le rythme effréné de notre vie dite « moderne » et les pressions en tout genre qui l'accompagnent multiplient les facteurs de stress durables et répétés.

Face à ces événements stressants prolongés, notre organisme se retrouve exposé à un niveau trop élevé de cortisol, pendant trop longtemps. Il ne parvient pas à freiner la cascade d'hormones du stress et il s'épuise.

L'excès de cortisol mais aussi d'adrénaline et de noradrénaline peut conduire à de nombreuses pathologies : hypertension artérielle et maladies cardiovasculaires, problèmes digestifs qui peuvent conduire à l'ulcère, diabète lié à l'excès de sucre dans le sang, affaiblissement du système immunitaire qui rend le corps plus vulnérable au virus et aux bactéries, etc.

Une surexposition aux hormones du stress est également toxique pour le cerveau. Elle altère notamment les neurones de l'hippocampe (*cf.* schéma p. 186), une zone impliquée dans de nombreuses fonctions, notamment l'apprentissage et la mémorisation des événements de la vie quotidienne et des émotions. Cela pourrait expliquer les liens très forts qui ont été établis entre le stress chronique et la dépression.

LA MÉDITATION MODULE LE CENTRE DE GESTION DES ÉMOTIONS

Mais notre cerveau fait preuve d'une grande plasticité et de résilience face à nos peurs et à l'adversité. Et l'intensité avec laquelle une personne réagit à un événement stressant ne dépend pas uniquement de la force du danger, qu'il soit physique ou psychosocial. L'amplitude de sa réponse hormonale est en grande partie liée à la manière dont elle évalue la situation stressante et l'importance qu'elle donne au danger. Cela dépend donc de son histoire personnelle, de sa mémoire émotionnelle.

Or, dans le déclenchement des mécanismes du stress, l'amygdale (*cf.* schéma p. 186), joue le rôle de sentinelle. Dès que nos yeux et nos oreilles perçoivent un danger, avant que l'on comprenne vraiment ce qui se passe et que notre cortex préfrontal analyse la situation, l'amygdale lance l'alerte en envoyant des messages chimiques qui commandent la production des hormones du stress.

L'activité et la réactivité de l'amygdale varient en fonction de l'état émotionnel de chaque individu, comme les recherches menées par Gaëlle Desbordes auprès de patients dépressifs l'ont démontré (*cf.* chapitre 6). Chez les personnes souffrant de stress chronique, l'amygdale manifeste également une suractivité et devient sensiblement plus grosse, ce qui contribue à entretenir une réaction excessive au stress.

La méditation peut contribuer à stopper cet emballement. Plusieurs études ont été menées sur ce sujet, notamment par Sara Lazar et Britta Hölzel à l'Hôpital général du Massachussetts de Boston. Elles ont suivi des patients souffrants de troubles anxieux généralisés et ayant médité trente à quarante minutes par jour pendant huit semaines. Sur les images IRM, les chercheuses ont observé une diminution de la densité de matière grise dans l'amygdale, associée à une diminution du stress et une moindre sensibilité aux émotions négatives.

Elles ont aussi constaté une augmentation des connexions neuronales entre l'amygdale et plusieurs régions du cerveau impliquées dans la régulation et la mémorisation des émotions, l'apprentissage et l'estime de soi.

Par la méditation, nous pouvons ainsi exercer notre esprit à être moins sensibles aux signaux stressants que nous recevons et qui peuvent nous envahir, à moduler notre réponse physiologique au stress. Les bienfaits de la méditation se manifestent au niveau hormonal, en particulier grâce à une meilleure régulation du taux de cortisol dans le sang. Des mesures réalisées sur des groupes de méditants avant et après une retraite de trois mois ont montré une baisse significative du niveau de cette hormone du stress.

En agissant directement sur notre système neuro-endocrinien, la pratique régulière de la pleine conscience, ou d'autres techniques méditatives, peut donc aider notre organisme à lutter contre les effets toxiques du mauvais stress. Ce nouveau champ de recherches commence à être exploré par les neurobiologistes, les médecins et les psychologues. Et c'est sans doute là l'une des contributions majeures des pouvoirs de l'esprit.

PAROLES DE MÉDITANTE

« Des crises de panique devenues rares »

Nathalie a 59 ans et, depuis l'enfance, elle est atteinte d'un syndrome d'anxiété généralisée. Il y a deux ans, elle a découvert la méditation par le biais des programmes proposés à l'hôpital Sainte-Anne de Paris. Elle a d'abord suivi un programme de huit semaines et revient de temps en temps pour une séance de suivi avec Florent Dulong. Depuis que la méditation fait partie de sa vie, son quotidien a profondément changé.

Les pathologies

« Depuis que je suis enfant, je suis en proie à des attaques de panique récurrentes et je traverse régulièrement des phases dépressives sévères. J'ai commencé à être soignée à l'âge de 20 ans, avec des neuroleptiques, des anxiolytiques et des antidépresseurs et plus tard avec des benzodiazépines.

Quand on est victime d'une crise de panique intense, on a l'impression que l'on va mourir subitement, qu'on va devenir fou, qu'on va perdre le contrôle. C'est extrêmement pénible, d'autant que cela survient souvent de façon totalement inopinée, comme un orage dans un ciel serein, sans aucun signe annonciateur décelable. On peut alors rester enfermé chez soi, pendant des semaines, sans parvenir à mettre le nez dehors. Ça m'est arrivé. En plus d'être pénible, c'est donc aussi très invalidant.

Dans ces moments-là, la chimie fonctionne bien, elle est même essentielle pour retrouver son calme. Mais au-delà de ces moments paroxystiques, j'ai eu peu à peu l'impression d'être dans un cercle vicieux, et dans une forme de dépendance physiologique. D'un côté la chimie soignait, de l'autre elle entretenait le processus et instaurait un état de manque qui conduisait à être tenté d'en prendre davantage.

Pendant des années, je n'ai connu que ça, les médicaments et les séjours en hôpitaux psychiatriques où l'on ne vous propose d'ailleurs que des médicaments, quelques entretiens, mais surtout beaucoup de médicaments, avec des effets secondaires notables.

Au bout de 40 ans, j'en ai eu assez. Assez de cette dépendance, de ces allers et retours à l'hôpital, de ne jamais voir le bout du tunnel. Et puis il y avait débat autour de possibles effets négatifs à long terme de certains types de médicaments, comme les benzodiazépines.

En fait je crois surtout qu'au bout d'un moment, je suis arrivée à saturation et j'ai eu envie de prendre ma vie en mains et je me suis mise à chercher des alternatives.

Le cheminement vers la méditation

J'ai essayé la psychothérapie et les thérapies verbales, mais ces démarches ont une dimension narcissique qui ne me convenait pas. Et puis si elles vous aident à comprendre d'où viennent vos maux et comment vous fonctionnez, elles ne vous aident pas forcément à améliorer votre état au quotidien. Puis j'ai essayé la sophrologie et la relaxation, mais là non plus, je n'ai pas été convaincue.

Tout à fait par hasard, j'ai entendu parler de ce qui se faisait à Sainte-Anne et des programmes de méditation qui se mettaient en place. J'ai envoyé une lettre de motivation et j'ai été acceptée dans un groupe.

Plus tard, j'ai complété la méditation avec des cours de yoga, une discipline qui s'inscrit dans le même esprit que la démarche méditative. Ce qui m'intéressait dans ces deux pratiques, c'était la différence d'approche, une approche corporelle d'un côté et mentale de l'autre, l'une et l'autre engageant ainsi la totalité de la personne.

Quelle méditation au quotidien ?

Pour ce qui est des séances de méditation à proprement parler, j'en fais le plus souvent possible, mais pas forcément tous les jours. Je me lève très tôt le matin, quand tout est encore calme. Et je pratique une méditation fondée sur des exercices respiratoires. Ce sont des séances de méditation guidées, car je n'arrive pas encore à effectuer de méditation sans être guidée. Concrètement je m'assieds sur un coussin, je lance mon CD, souvent un CD du Dr Christophe André, et j'écoute les indications. Je me mets ainsi dans un état de réceptivité et de concentration, qui est un état à la fois d'attention à mes propres sensations intérieures, et d'ouverture sur l'extérieur.

Ce qui est devenu quotidien, en revanche, c'est d'être dans la pleine conscience. C'est une sorte de méditation informelle qui se met en place au quotidien, et se traduit par une façon d'être totalement présente à l'instant, à l'action en cours, aux sensations perçues.

Les bénéfices médicaux

Aujourd'hui, très concrètement, je ne suis plus sous antidépresseurs ni neuroleptiques. Quant aux anxiolytiques, j'en prends de manière ponctuelle. Depuis que je pratique la méditation, les crises de panique se sont espacées. Elles sont même devenues rares et surtout je parviens à beaucoup mieux les affronter.

De même que j'affronte de façon beaucoup plus sereine des situations qui autrefois m'étaient anxiogènes, la méditation me préserve des ruminations permanentes et des anticipations anxieuses auxquelles j'étais sujette.

Par exemple, ma concentration s'est trouvée considérablement améliorée, faisant disparaître ces sortes de TOC (Troubles compulsifs obsessionnels) ou vérifications anxieuses permanentes que j'avais, comme remonter chaque fois chez moi quand je sortais pour vérifier que j'avais bien éteint le gaz. Au moment où je l'éteins, j'en suis désormais pleinement consciente et ça suffit pour me le garantir.

Globalement, au regard de mes pathologies, je ne me sens plus dépendante, je n'ai plus l'impression de les subir. Avec les médicaments, on se sent très passif. Au contraire, j'ai aujourd'hui la sensation d'être redevenue actrice de mon parcours de santé, et d'être capable d'agir sur lui.

Les bénéfices au quotidien

D'une manière plus large, je dirais presque existentielle, la méditation m'a apporté beaucoup. Elle m'a permis de prendre conscience de la façon permanente dont on parasite le moment présent par ces ruminations du passé ou ces anticipations anxieuses sur l'avenir. On réalise que l'on est finalement rarement dans l'instant présent et que nombre de nos perceptions au quotidien relèvent du regard que l'on porte sur les choses. Et ce regard, en étant beaucoup plus présente aux choses et aux actions du quotidien, en les envisageant objectivement à travers les sensations intérieures et extérieures qui nous traversent, on peut le faire évoluer dans un sens bien plus positif.

De même, la méditation a fait évoluer ma perception sur d'autres points qui autrefois suscitaient en moi de l'agacement. Je me sentais très vite agressée par les bruits de la rue, des voitures, des motos. La méditation m'a appris à les écouter, tout simplement, juste comme quelque chose qui fait partie de l'environnement. Et désormais, dès que je sens poindre en moi ce sentiment d'agacement ou d'énervement, je me mets dans cet état de réceptivité sans jugement.

D'une manière générale, la pleine conscience est devenue une véritable manière de vivre, de vivre mieux et plus pleinement, et d'avoir la satisfaction qu'on le doit à soi-même. »

LES EFFETS DE LA MÉDITATION JUSQU'AU CŒUR DE NOS CELLULES

Par son action sur le stress et sur la cascade d'hormones qu'il provoque, la méditation modifie certains processus biochimiques qui altèrent nos cellules. Ces découvertes illustrent les interactions permanentes entre le cerveau, siège de nos pensées et de nos passions, et l'ensemble du corps.

Chapitre 11

QUAND LA MÉDITATION MODIFIE L'EXPRESSION DE NOS GÈNES

L'influence du psychisme sur le métabolisme s'observe jusque dans le fonctionnement du génome. Par la régulation des émotions, la méditation de pleine conscience peut moduler l'activité de certains gènes.

Fermer les yeux et ne rien faire du tout pendant quelques dizaines de minutes chaque jour. Rester, le temps d'une méditation, un observateur neutre de ses pensées et de ses émotions. Se concentrer entièrement sur l'instant présent. Cette pleine conscience a, nous l'avons vu, de nombreuses vertus psychiques, en particulier par une meilleure régulation du stress. Mais ses bienfaits se manifestent beaucoup plus profondément dans notre corps, dans notre métabolisme et au cœur de nos cellules.

L'ESPRIT PEUT ACTIVER OU DÉSACTIVER DES GÈNES LIÉS AU STRESS

Dans les années 1970, le cardiologue américain Herbert Benson, professeur à la faculté de médecine de l'Université Harvard, étudie les effets nocifs du stress chronique, en particulier sur le système cardiovasculaire. Au cours de ses recherches, il contacte des bouddhistes pratiquant la méditation, qui affirment être capables de diminuer leur pression sanguine par la pensée. Le professeur Benson met en place un protocole afin de valider scientifiquement ces affirmations, et il observe en effet des changements physiologiques importants et mesurables chez les méditants : diminution du rythme respiratoire et du rythme cardiaque, baisse de la tension artérielle, baisse du tonus musculaire.

Le cardiologue décrit en détail cet état physiologique qu'il nomme la « réponse de relaxation » et qui est à l'opposé de la réponse « combattre ou fuir » enclenchée par le stress face à une situation dangereuse ou anxiogène, provoquant une accélération des rythmes respiratoire et cardiaque (*cf.* chapitre 9).

Herbert Benson en déduit que lorsque l'on se trouve dans un état de stress psychosocial prolongé, il est possible de ramener son métabolisme à son état normal en induisant cette « réponse de relaxation » par la méditation, ou d'autres pratiques comme le yoga.

La méthode est assez simple en apparence mais, comme toute pratique méditative, elle exige un grand effort d'attention et de la persévérance. Il faut s'asseoir confortablement, fermer les yeux, relaxer ses muscles et à chaque expiration, répéter mentalement un mot, une phrase, un son ou un mouvement. Lorsque des pensées de toutes sortes viennent à l'esprit, il faut les ignorer et rester concentré sur sa respiration et la répétition de celle-ci. C'est ainsi, selon Herbert Benson, que l'on peut «*casser le train des pensées quotidiennes*».

À l'Institut médical corps/esprit qu'il a créé au sein de l'Hôpital général du Massachussetts, Herbert Benson et son équipe ont mené une série d'études pour comprendre par quels mécanismes physiologiques la méditation et la relaxation parviennent à stimuler cette réaction positive contre le stress chronique.

L'une de ces études, conduite par Manoj K. Bhasin et publiée en 2013, marque un tournant dans ces recherches. Un groupe de vingt-six personnes n'ayant aucune expérience de la méditation, a suivi une formation de huit semaines pour apprendre à induire une réponse de relaxation en méditant. Les séances duraient vingt minutes, deux fois par jour. Les scientifiques ont prélevé des échantillons de sang sur ce groupe juste avant leur formation et après leurs huit semaines d'entraînement, ainsi que sur un autre groupe de vingt-six personnes composé de méditants confirmés qui pratiquaient cette technique depuis 4 à 20 ans.

L'analyse des échantillons de sang a montré que la relaxation par la méditation modifiait sensiblement l'expression de nombreux gènes. C'est ainsi, qu'après huit semaines d'entraînement méditatif, on observe chez les méditants confirmés et chez les novices, une plus forte activation des gènes impliqués dans le métabolisme général des cellules et notamment des gènes responsables de la sécrétion d'insuline, une hormone essentielle dans la consommation d'énergie par nos cellules.

À l'inverse, chez ces mêmes méditants, d'autres gènes sont moins activés, des gènes impliqués dans les effets toxiques du stress. Ce que l'on appelle le stress oxydatif, qui agresse et endommage nos cellules. Ce stress oxydant peut devenir un facteur d'inflammation et être à l'origine de diverses maladies cardiovasculaires, d'arthrites rhumatoïdes ou de cancers.

La relaxation du corps et de l'esprit obtenue par la méditation permettrait donc de stimuler et de renforcer la résilience de nos cellules face aux agressions engendrées par un stress psychosocial trop intense

L'étude clinique de Manoj K. Bashin et Herbert Benson montre que ces bienfaits peuvent être obtenus rapidement, au bout de quelques semaines. Et plus la pratique de la méditation est régulière, plus les effets sont importants et durables.

Chacun des 25 000 gènes que compte le génome humain contient le code de fabrication des protéines dont notre organisme a besoin pour fonctionner. Le patrimoine génétique dont nous héritons à la naissance est lu et décrypté par chaque cellule pour aboutir à la synthèse des protéines. Mais cette lecture de l'ADN peut être modulée en fonction de facteurs extérieurs. Notre mode de vie, notre alimentation, l'exposition à certains produits, le stress, nos états mentaux, tous ces facteurs envoient des signaux à nos cellules qui peuvent modifier l'expression de nos gènes. S'ils sont plus actifs, la synthèse de protéines sera plus importante. S'ils sont réprimés, elle sera plus faible.

Ce lien étroit entre nos états mentaux et le fonctionnement de nos gènes s'inscrit dans un nouveau champ de recherche en pleine effervescence : l'épigénétique. L'épigénétique s'intéresse aux changements d'activité des gènes, leurs causes et leurs conséquences. Certaines modifications épigénétiques sont transitoires, d'autres sont pérennes même lorsque le facteur environnemental qui les a provoquées a disparu.

Les biologistes moléculaires qui s'intéressent à la méditation pour décrypter ses effets épigénétiques ne sont qu'au début de leurs recherches.

MODIFIER L'EXPRESSION DES GÈNES DE L'INFLAMMATION

Une autre étude dans ce domaine a obtenu des résultats surprenants. Elle a été dirigée par Perla Kaliman, docteur en biochimie, collaboratrice du *Center for Healthy Minds* de l'Université de Wiconsin-Madison (États-Unis). L'objectif des chercheurs était de mesurer les effets d'une journée intensive de méditation de pleine conscience sur certains gènes liés à des modifications épigénétiques et d'autres gènes impliqués notamment dans l'inflammation.

Un groupe de 19 personnes expérimentées, qui pratiquent régulièrement la méditation depuis au moins trois ans, a été comparé à un groupe de 21 personnes n'ayant jamais médité. Pendant la journée au cours de laquelle s'est déroulée l'étude, ce deuxième groupe, appelé groupe de contrôle, a suivi diverses activités de détente : lire, regarder des documentaires, jouer au jeu vidéo, marcher.

Pendant ce temps, dans le même environnement, le groupe d'experts a suivi une série de séances de méditation sur un total de 8 heures.

Les analyses des échantillons de sang ont clairement montré que des gènes pro-inflammatoires se sont moins exprimés chez les personnes ayant médité pendant une journée que dans le groupe de contrôle. Les cellules des méditants ont donc fabriqué moins de molécules inflammatoires.

Ces gènes ont un intérêt particulier car certains sont les cibles actuelles de médicaments anti-inflammatoires ou analgésiques comme l'aspirine ou l'Ibuprofène.

Pour l'instant, il est encore trop tôt pour considérer la méditation comme un traitement anti-inflammatoire. Mais ces résultats, qui devront être complétés par d'autres études, suggèrent que la pleine conscience pourrait faire partie des prescriptions destinées aux personnes qui souffrent de maladies chroniques inflammatoires pour contribuer à réduire leurs doses de médicaments.

L'étude menée par Perla Kaliman a montré que la méditation agit spécifiquement sur certains gènes car d'autres gènes étudiés n'ont pas vu leur expression modifiée. Il semblerait donc que la régulation de nos états émotionnels puisse moduler spécifiquement l'expression de ces gènes, notamment dans les phénomènes inflammatoires.

L'une des explications possibles de ce pouvoir de l'esprit nous ramène à la gestion du stress. Les deux groupes participants à l'étude ont aussi subi un test de stress social, le test de Trier. Placée devant un jury qui filme la prestation, chaque personne passe une sorte d'entretien professionnel au cours duquel il doit présenter un sujet à l'oral puis répondre à des exercices de calcul mental. À chaque mauvaise réponse, une cloche sonne. L'objectif de ce test est de mesurer, par un prélèvement de salive, l'évolution du taux de cortisol, la principale hormone du stress. Cette mesure est effectuée pendant l'examen, puis une fois l'examen terminé pour voir en combien de temps la personne stressée revient à son état normal.

Dans l'expérience de Perla Kaliman, les méditants dont l'expression des gènes avait diminué révélaient également un rétablissement plus rapide du niveau de cortisol après le test de stress.

En conclusion, la méditation permet de mieux répondre au stress et de ramener plus vite l'organisme à un état apaisé. Les chercheurs vont maintenant explorer davantage les liens entre cette gestion du stress et l'activité de certains gènes, en particuliers ceux impliqués dans les phénomènes inflammatoires.

Selon Richard Davidson, qui a participé aux travaux de Perla Kaliman, « *nos gènes s'expriment de façon assez dynamique et les résultats des dernières études suggèrent que le calme de notre esprit peut avoir une influence sur cette expression* ».

PAROLES DE MÉDITANTE

« Une reprise en mains de moi-même après un cancer du sein »

Marie a 56 ans et médite depuis 15 ans. Elle est venue à la méditation à l'issue d'un parcours thérapeutique lourd contre un cancer du sein. Depuis la fin des traitements, la méditation fait partie de son quotidien et a contribué à transformer en profondeur son rapport à la maladie, aux autres et à la vie.

Le chemin vers la méditation

« À l'origine, la méditation n'est pas une pratique associée à mon parcours de soins contre le cancer du sein. Sans doute n'étais-je alors capable que d'une posture de combat, concentrée sur les traitements lourds et douloureux, engagée à 100 % contre la maladie. La méditation n'a donc pas été un accompagnement thérapeutique à proprement parler. Mais je dirais qu'elle a joué un rôle bien plus fondamental dans une forme de retour à la vie, au sens large, après la maladie.

Le déclic est arrivé lors du dernier rendez-vous de ce parcours de soins avec mon oncologue. Ce jour-là, il m'a dit : "Voilà, c'est notre dernier rendez-vous, le traitement est terminé, désormais on ne se reverra que tous les 6 mois pour un suivi de contrôle."

Pendant des semaines, des mois, j'avais été accompagnée, entourée, soutenue, prise en charge par le monde médical, et malgré la lourdeur des traitements et la difficulté de la situation, c'était très confortable psychologiquement. Et soudain, on me disait maintenant c'est fini, vous êtes seule, il faut retourner à la vie.

Quand on connaît la menace qui continue de peser sur votre santé, notamment dans les premières années, cette solitude soudaine est très angoissante.

Au moment de le quitter ce jour-là, j'ai demandé : "Docteur, pensez-vous que je peux m'en sortir ?" Et à la place d'une réponse très rassurante que j'espérais sans doute, la sienne fut : "En tout cas, on aura fait tout ce qu'on aura pu."

Paradoxalement, cette réponse n'a pas produit en moi l'angoisse qu'elle aurait dû. Au contraire, elle a suscité un sentiment très fort et inattendu : désormais, les choses m'appartenaient. Elle m'a renvoyé à mes propres forces : cette force de guérison, c'est moi qui la possédais, et c'était à moi de la pousser le plus loin possible.

Reprendre le temps de s'écouter

C'est alors, comme souvent quand un désir puissant vous anime, que j'ai rencontré une sophrologue. Avec elle, j'ai appris à effectuer des temps d'arrêt face à l'agitation et aux turbulences qui nous entourent.

Prendre le temps de m'écouter, opérer un mouvement sur moi-même, ce sont des choses que je ne faisais jamais. J'ai toujours eu une vie et une activité professionnelle très intenses, j'ai toujours débordé d'énergie et même pendant la maladie, malgré la fatigue, je ne me suis jamais véritablement arrêtée. En fait, j'ai compris que pendant toutes ces années, cette énergie qui me portait m'avait aussi dévorée au lieu de m'alimenter.

Avec la sophrologie, j'ai découvert des exercices basés sur la respiration, que je réalisais lors de nos séances, mais aussi chez moi. Et en portant une attention de plus en plus grande à cette respiration, j'ai vraiment eu le sentiment que je me reconnectais peu à peu avec moi-même, et non pas d'une façon cérébrale ou raisonnée, mais d'une manière presque biologique, comme si je sentais cette force de vie circuler en moi, suspendue au fil de ma propre respiration.

À chaque fois, les exercices de respiration se prolongeaient davantage, et me plongeaient dans des états de conscience que j'ignorais jusqu'alors. En fait, j'ai glissé vers la méditation de façon très naturelle.

Je me suis mise à la pratiquer quotidiennement, avec un sentiment croissant de bien-être, mais aussi de libération. Ça m'a incité à approfondir ce travail sur la conscience et j'ai participé à des stages de plusieurs jours consacrés à élargir plus encore cette conscience à soi-même et au monde qui nous entoure.

Reprendre confiance

Le premier bénéfice ressenti fut sans doute cette reprise de confiance en moi et de mes forces vitales, avec le sentiment profond d'être capable de les mettre en mouvement. On sent peu à peu que toute cette énergie qui vous dévorait se fluidifie.

Et d'ailleurs je me sens beaucoup plus en forme aujourd'hui que je ne l'étais avant, même avec 15 ans de plus.

Avec cette reprise de confiance en ses propres forces, on reprend aussi confiance dans l'avenir et on commence à envisager les choses différemment.

Mettre à distance

La méditation m'a aussi appris à mettre les choses à distance. Quand on est malade, on a ses propres angoisses et on est perméable à toutes celles que vos proches ou vos médecins projettent sur vous. Mais toutes ces angoisses n'ont pas de lien direct avec la réalité.

Elles sont des constructions qui mêlent vos projections, liées à l'expérience ou aux préjugés, et celles des autres à votre égard. La réalité elle-même est constamment travestie par ce qu'on projette sur elle. Toutes sortes de jugements et de réflexes qui associent maladie et mort, résultats médicaux et mauvaises nouvelles potentielles, tel ou tel signe avec mauvais présage etc. À cet égard, la méditation a vraiment contribué à mettre à distance toutes ces influences extérieures, à déconstruire ces automatismes et à me rendre bien moins vulnérable, avec naturellement une diminution du stress que tout cela engendre.

S'ouvrir aux autres

Quand on est malade, angoissé par la maladie, on se replie sur soi, concentré, voire obsédé par ce qui nous arrive et peu ouvert aux autres. On se dit aussi que personne ne peut vous apporter de solution ou vous comprendre. On a tendance à être très égocentré et à juger de tout selon ses propres critères. Mais en se débarrassant de ces schémas automatiques, le regard que l'on pose sur les autres évolue et restaure une relation de confiance. On prend davantage les autres tels qu'ils sont, à commencer par des êtres biologiques comme soi-même. Il y a une sorte de fraternité, autant que de bienveillance, qui s'instaure. Je dirais même que la méditation m'a fait prendre conscience, au-delà de l'individu que je suis et de ce que je vis, de ce qui faisait mon humanité et me reliait aux autres.

Devenir auteur de sa vie

Au fil du temps, la méditation a pris pour moi des formes multiples et elle est devenue constitutive de mon quotidien. Autrefois je pensais que mon hygiène de vie passait notamment par le sport, celui qui fait mal, celui qui force le corps. Aujourd'hui, je prends soin de lui en méditant, en m'étant réconciliée avec lui et en étant totalement consciente de ce qui le rend vivant.

Mais au-delà du soin que j'apporte à mon corps, la méditation est un mode de vie, gardant ma conscience le plus possible en éveil, et me rappelant constamment, au-delà des apparences et des codes, l'être vivant que je suis, et qui est bien plus que les seules histoires que je traverse. Ce cheminement dans la méditation a relevé pour moi d'une véritable libération, dans le sens où il ressemble à une reprise en mains de soi-même, une reprise de conscience de soi-même, loin de tous les carcans que l'on se construit ou que l'on a accepté que la vie nous construise. »

Chapitre 12

LA MÉDITATION PEUT-ELLE RALENTIR LE VIEILLISSEMENT DE NOS CELLULES ?

Des biologistes ont cherché à savoir si la méditation pouvait freiner le vieillissement cellulaire. Les premiers résultats de ces recherches ont montré un autre pouvoir très surprenant de l'esprit.

Le stress a un autre effet délétère sur nos cellules. Il les fait vieillir prématurément. Cela a été démontré par plusieurs études menées en collaboration avec Elizabeth Blackburn, de l'Université de Californie à San Francisco (États-Unis), qui a reçu en 2009 le prix Nobel de médecine pour ses découvertes sur le vieillissement cellulaire et sur le rôle d'une enzyme qui protège les chromosomes.

UNE ENZYME QUI RAJEUNIT NOS CELLULES

La plupart des cellules de notre corps se renouvellent régulièrement en se multipliant. Pour cela, elles se dédoublent en recopiant l'ADN, regroupé dans nos chromosomes. Pour préserver l'intégrité de l'ADN, support de nos gènes, chaque chromosome est protégé par un petit capuchon appelé télomère, que l'on peut comparer au petit bout de plastique qui empêche nos lacets de s'effilocher. Malheureusement, cette protection n'est pas éternelle. Chaque fois qu'une cellule se divise pour se multiplier, les chromosomes doivent être recopiés et la copie n'est pas toujours parfaite. Au fil des divisions, les télomères s'usent. Lorsqu'ils deviennent trop courts, la cellule ne peut plus se diviser et elle meurt. C'est ce qui contribue à nous faire vieillir.

Elizabeth Blackburn, ainsi que Carol Greider et Jack Szostk avec lesquels elle partage le prix Nobel de médecine, ont découvert qu'une enzyme, la télomérase, a pour fonction de refabriquer une partie des télomères abîmés et donc de ralentir le vieillissement cellulaire. Plus la télomérase est active, en particulier dans les cellules de notre système immunitaire, plus nous sommes protégés contre les effets du vieillissement, mais aussi contre les maladies cardio-vasculaires et certains cancers. Les chercheurs ont également découvert que l'activité de cette molécule de jouvence peut être modifiée par plusieurs facteurs comme l'alimentation, l'activité physique, ainsi que le stress psychosocial chronique.

LE STRESS RÉDUIT NOS CHROMOSOMES

Pour évaluer cet impact, Elizabeth Blackburn a travaillé avec une psychologue de l'Université californienne de Davis, Elissa Epel. Ensemble, elles ont suivi 58 mères âgées de 20 à 50 ans, dont les deux tiers avaient des enfants souffrants d'une maladie chronique. Partant de l'hypothèse que ces mamans subissent un stress important dans leur vie quotidienne, les scientifiques ont mesuré la longueur de leurs télomères à partir d'un prélèvement de cellules sanguines, et l'ont comparée à celle des mères d'enfants en bonne santé. La corrélation entre le niveau de stress et la longueur des télomères s'est révélée très nette. Les mamans les plus stressées avaient des télomères correspondant à ceux de femmes ayant dix ans de plus qu'elles. Ce qui démontre bien que le stress chronique accélère le vieillissement cellulaire.

Des études ont également montré que plus le vieillissement cellulaire est rapide, plus le taux de mortalité par accident cardiovasculaire est élevé.

Chez une femme enceinte, des événements fortement stressants et répétés peuvent même avoir un impact sur les cellules de son bébé : dès sa naissance, l'enfant risque d'avoir des télomères raccourcis, comme le révèlent des mesures sur le cordon ombilical de certains nouveau-nés. Cela montre à quel point ce qui se passe dans notre tête et dans notre corps est intimement lié.

UN ESPRIT APAISÉ PROTÈGE NOTRE ADN

Les bienfaits de la méditation sur le contrôle du stress étant démontrés, psychologues, biologistes et neuroscientifiques ont donc cherché à savoir si, par la simple force de l'esprit, il est possible de freiner le vieillissement prématuré de nos cellules, voire de stimuler la désormais célèbre télomérase.

Clifford Saron, spécialiste de la régulation des émotions à l'Université de Davis, propose en 2011 à Elissa Epel et Elizabeth Blackburn de mener une expérience avec un groupe d'experts en méditation pendant une retraite de trois mois et de comparer l'activité de la télomérase dans les cellules sanguines des méditants à celle d'un groupe témoin qui ne médite pas. Les chercheurs ont été surpris par l'ampleur significative des résultats : le taux de télomérase était 30 % plus élevé chez les méditants.

Parallèlement, les participants ont été soumis à un questionnaire pour évaluer leur état psychologique. Il est apparu que l'enzyme réparatrice des télomères était plus active chez les personnes qui éprouvaient davantage de sentiments positifs, donnant « un sens à leur vie » et qui avaient le moins de pensées négatives et un faible niveau de ce que les psychologues appellent le neuroticisme ou névrostisme.

Encouragés par le succès de cette première expérience, les scientifiques ont ensuite mesuré la longueur des télomères, avant et après une méditation intensive. Cette fois, la retraite était plus courte : trois semaines seulement, à raison de 8 heures par jour.

Chez les 26 méditants suivis, un rallongement significatif des télomères a été mis en évidence. « *Cela a été une découverte vraiment stupéfiante*, raconte Elissa Epel. *Nous ne pensions pas que l'état des télomères qui protègent nos chromosomes pouvait s'améliorer aussi vite. Si ces résultats sont confirmés par d'autres études, c'est une bonne nouvelle. La méditation pourrait ralentir le rythme du vieillissement.* » L'équipe dirigée par Perla Kaliman, en collaboration avec Clifford Saron et Elissa Epel, a apporté de nouvelles évidences qui permettent de mieux comprendre ces effets, en montrant que, suite aux trois semaines de retraite, les méditants présentaient des changements d'expression de plusieurs gènes qui protègent et prolongent des télomères.

Mais Elissa Epel reconnaît qu'il reste encore beaucoup de questions : à quel rythme et avec quelle intensité faut-il méditer pour obtenir des effets notables ? Ces modifications sont-elles durables ? D'autres méthodes amenant à un état mental apaisé peuvent-elles apporter des bénéfices semblables ?

Ce que ces recherches ont en tout cas démontré, c'est que la mécanique cellulaire est susceptible de réagir aux changements de notre état d'esprit. Et cela donne de solides arguments scientifiques à cette nouvelle médecine en plein essor, la médecine corps-esprit que d'autres nomment la médecine psychosomatique.

Chapitre 13

LA MÉDITATION PEUT-ELLE FREINER LE VIEILLISSEMENT CÉRÉBRAL ?

La pratique régulière de la méditation modifie la structure même du cerveau en augmentant la matière grise dans certaines zones du cortex. Cette gymnastique de l'esprit pourrait-elle aider à lutter contre l'atrophie cérébrale due au vieillissement ?

Avec l'âge, notre cerveau s'atrophie lentement. À partir de 50 ans environ, son volume diminue de 2 % par décennie. Cela est dû principalement à une réduction du corps cellulaire des neurones, ce qu'on appelle la matière grise dont le rôle est de recevoir et de traiter les informations qui parviennent au cerveau. La matière blanche diminue elle aussi. Elle est composée de longues fibres nerveuses qui transmettent les signaux entre les neurones.

Certaines régions cérébrales sont plus sensibles que d'autres au vieillissement. C'est le cas en particulier du cortex préfrontal (*cf.* schéma p. 186) impliqué dans l'attention, la résolution de problèmes et la mémoire. Cela concerne notamment la mémoire de travail qui permet de stocker des informations pendant quelques secondes, le temps de réaliser une tâche. La perte de volume neuronal dans cette zone entraîne une diminution des capacités cognitives telles que la mémorisation. Le traitement des informations est aussi ralenti à cause de la détérioration des fibres nerveuses qui assurent la communication entre les neurones.

D'autres zones situées dans le cerveau limbique sont également touchées, comme l'hippocampe (*cf.* schéma p. 186), qui joue un rôle primordial dans la mémorisation. C'est l'une des régions qui peut être affectée par la maladie d'Alzheimer.

En dépit de cette dégradation normale et inéluctable, notre cerveau conserve une étonnante plasticité même à un âge avancé. En stimulant cette plasticité par une gymnastique de l'esprit, la méditation peut-elle freiner le vieillissement du cerveau ? C'est ce que tend à montrer une série d'études menées aux États-Unis et en France.

À l'Université Harvard, Sara Lazar et Britta Hölzel ont observé par IRM plusieurs groupes de méditants et elles ont constaté une augmentation du volume de matière grise dans la zone frontale du cortex et dans l'hippocampe.

Dans l'une de ses premières études, Sara Lazar a été particulièrement surprise de constater que « *les méditants expérimentés âgés de 50 ans avaient un cortex préfrontal du même volume que des personnes de 25 ans* ».

D'autres recherches ont montré que, dans une grande partie du cortex, la matière blanche et la matière grise étaient moins dégradées chez les personnes âgées qui pratiquaient la méditation de façon très régulière. Méditer permettrait donc d'atténuer les effets du grand âge sur nos neurones.

Le vieillissement s'accompagne aussi de phénomènes comme la dépression, les troubles du sommeil ou l'anxiété, autant de facteurs de risque pour les maladies neuro-dégénératives comme la maladie d'Alzheimer. En agissant sur ces troubles, la méditation pourrait-elle contribuer à lutter contre le développement de ces maladies ?

Une grande étude, baptisée « Silver Santé Study » a été lancée sur ce thème en 2016 à Caen, sous la direction de Gaël Chételat, directrice de recherche à l'Inserm, en collaboration avec le docteur Antoine Lutz, spécialiste des études neuroscientifiques sur la méditation. L'objectif est d'évaluer l'impact de la méditation sur le bien-être et la santé mentale des personnes âgées et de comparer ces effets avec ceux de l'apprentissage d'une langue étrangère, en l'occurrence l'anglais. La comparaison peut sembler surprenante, mais l'apprentissage d'une autre langue lorsque l'on est âgé est une stimulation mentale qui a déjà montré des effets bénéfiques.

Pour ce vaste programme, 126 personnes âgées de plus de 65 ans ont été recrutées, réparties aléatoirement en trois groupes. Un tiers des volontaires pratique la méditation, un tiers suit régulièrement des cours d'anglais et le dernier tiers n'a aucun programme particulier. Ces seniors seront suivis pendant 18 mois, à l'aide de prélèvements réguliers d'échantillons de sang et de techniques de pointes d'imagerie cérébrale.

C'est la première fois qu'une étude d'une telle ampleur et sur une durée aussi longue est menée sur des personnes âgées. Elle réunit des experts de six pays européens. Les résultats sont attendus en 2020. S'ils confirment les résultats déjà obtenus au cours des premières études, cela ouvrirait des nouveaux champs d'application de la méditation dans le domaine médical.

MÉDITER POUR MIEUX SOIGNER

En intégrant la méditation
à leur pratique, les soignants
bousculent un ordre médical établi
qui conçoit l'organisme comme
un ensemble d'organes distincts,
et envisagent désormais le patient
comme un tout « esprit-corps ».

Chapitre 14

LA MÉDITATION : UNE RÉVOLUTION POUR LES SOIGNANTS

En 2012, est créé en France le premier diplôme universitaire consacré à la méditation. Une reconnaissance académique inédite qui répond à de nouvelles aspirations des acteurs de la santé, et propose une nouvelle approche du soin.

Alors qu'un nombre croissant de nos contemporains doit vivre avec une maladie grave, de plus en plus de médecins considèrent qu'on ne peut plus se contenter d'allonger à l'infini les ordonnances.

Face à cette situation, les traditions millénaires et la méditation en particulier, offrent une source d'inspiration grandissante aux acteurs du monde de la santé. Forts d'une expérience méditative personnelle ou convaincus par les nombreuses preuves scientifiques de ces dernières années, des médecins ont d'abord introduit la pratique de leur propre initiative à l'hôpital, à l'instar du Dr Christophe André, psychiatre à l'hôpital Sainte-Anne, ou du Pr Corinne Isard Bagnis, néphrologue à l'hôpital de la Pitié-Salpêtrière.

Aux États-Unis, 550 centres, hôpitaux ou cliniques utilisaient déjà la MBSR en 2012 ; on en comptait 700 à travers le monde cette même année. En Amérique du Sud, des établissements renommés se sont ouverts peu à peu à ce programme de pleine conscience. Etc.

Ces multiples expériences n'ont pas seulement diffusé auprès des patients une façon différente d'appréhender leur parcours de soins. Elles ont aussi initié une réflexion profonde pour les soignants.

« *Jusqu'à présent, tout ce que nous, les médecins, attendions de nos patients, c'était qu'ils restent passifs dans leurs lits d'hôpitaux pendant qu'une armée de soignants les manipulait. Aujourd'hui, je crois qu'on ne peut plus se contenter de traiter les maladies sans impliquer davantage les malades* », estime Corinne Isard Bagnis qui fut l'une des premières en France à proposer à ses patients des programmes d'entraînement à la méditation.

En amenant, les malades à prendre une part plus active dans leur parcours médical par la méditation, et en leur transmettant des outils pour développer leur propre potentiel de guérison, ces médecins changent de fait radicalement leur conception du soin et leur rapport aux patients.

« *L'intérêt croissant des chercheurs pour la méditation et les premières expériences cliniques ont ouvert de nouvelles perspectives extrêmement stimulantes pour nous, les médecins. Et le mouvement ne fait que commencer !* », s'enthousiasme le Dr Jean-Gérard Bloch, rhumatologue, lui aussi quotidiennement confronté dans sa pratique à la problématique de la douleur.

LE PREMIER DIPLÔME UNIVERSITAIRE CONSACRÉ À LA MÉDITATION

Jean-Gérard Bloch parle en connaissance de cause : il est à l'origine du premier diplôme universitaire (DU) français de pleine conscience, « Médecine, Méditation et Neurosciences ». Ce programme, fondé en 2012 avec le Pr Gilles Bertschy, psychiatre au Pôle de psychiatrie et santé mentale des hôpitaux universitaires de Strasbourg, avec le soutien du doyen de la Faculté de médecine, le Pr Jean Sibilia, avait plusieurs objectifs.

Le premier était d'offrir un cadre institutionnel à cette pratique nouvelle. « *On sait que le développement d'une telle pratique peut susciter tous les fantasmes et contient des risques de dévoiement et de marchandisation. Avec ce diplôme, nous avons souhaité offrir un socle institutionnel officiel et solide qui permette aussi de questionner en toute légitimité les pratiques actuelles, et d'inscrire cet enseignement dans une réflexion plus vaste* », explique Jean-Gérard Bloch.

Le second objectif était d'enseigner cette pratique aux soignants pour la transmettre ensuite à leurs patients et leur offrir de nouvelles manières de gérer les douleurs chroniques auxquelles la médecine traditionnelle ne répond pas complètement. « *C'est la grande originalité de ce diplôme, il s'adresse prioritairement aux médecins, aux infirmiers et infirmières, et aux équipes soignantes* », précise Jean-Gérard Bloch.

Enfin, ce diplôme universitaire vise à proposer aux personnes du monde de la santé – médecins, psychologues, chercheurs en neurosciences... – une nouvelle approche de la médecine scientifiquement validée, sur la base du programme MBSR formalisé par le Pr Kabat-Zinn (*cf.* chapitre 2).

C'est ainsi que dans le cadre de ce diplôme, en plus de la pratique, sont abordées des problématiques comme la conscience, le lien corps-esprit, les différentes formes de méditation. Et c'est aussi dans cette perspective qu'à l'instar de la pluridisciplinarité des recherches menées sur le sujet, les experts qui interviennent sont issus de domaines aussi variés que les neurosciences, la philosophie des sciences, l'histoire de la médecine, la psychiatrie, la psychologie ou encore la biologie des neurosciences. Généralement méditants eux-mêmes, la plupart d'entre eux réunissent donc à dessein expertise théorique et pratique.

Ainsi depuis 2012, à quelques kilomètres de Strasbourg, des médecins et des professionnels de santé viennent chaque année de toute l'Europe au Mont Sainte-Odile se former à la pleine conscience, questionner et réinventer leur manière de soigner.

VERS UNE MÉDECINE « SUR MESURE » ?

Depuis sa création, le diplôme « Médecine, méditation et neurosciences » connaît un succès fulgurant. La plupart de ceux qui le suivent sont des professionnels déjà en activité, qu'ils soient généralistes, spécialistes, libéraux, hospitaliers ou universitaires, psychologues ou chercheurs en neurosciences.

Pourquoi ce succès pour une pratique qui, il y a encore quelques années, faisait au mieux sourire la médecine traditionnelle ?

« *D'abord la science a apporté de nombreuses preuves objectives quant aux liens entre corps et esprit, bien au-delà de ce que les chercheurs ne l'imaginaient il y a trente ans. Elle a aussi découvert que la neuroplasticité laissait envisager une action possible à tout âge. En parallèle, l'épigénétique a révélé qu'en plus de notre patrimoine génétique, notre environnement, mais aussi notre façon de vivre, d'être, de nous nourrir, de ressentir les émotions avaient une influence sur l'expression de nos gènes et pouvait les faire évoluer, et qu'il était donc intéressant, si ce n'est capital de les prendre en compte* », explique Jean-Gérard Bloch.

En apportant des preuves objectives des capacités de transformation et de guérison de la méditation, la science lui a donc donné un socle et une légitimité scientifique qui ont contribué à susciter l'intérêt des soignants.

REMETTRE L'HUMAIN AU CENTRE DU SOIN

Mais ce n'est pas tout. Les soignants sont aujourd'hui confrontés à une réalité qui ne les satisfait plus. « *Notre médecine conventionnelle dispose de techniques et de technologies tout à fait extraordinaires qui ont permis d'immenses progrès dans le soin et la guérison d'un grand nombre de pathologies. Mais cette technicité s'est souvent faite au détriment de la dimension humaine, de moins en moins prise en compte au fil du temps. Aujourd'hui, expériences et preuves scientifiques à l'appui, un nombre croissant de médecins se rend compte que cette dimension est primordiale, et qu'elle manque à nos pratiques* », souligne le fondateur du diplôme universitaire.

Cette dimension, c'est d'abord dans l'évolution de la relation soignant/patient qu'elle émerge. En reconnaissant au patient une capacité d'autoguérison, ou du moins un rôle actif dans son parcours thérapeutique, la relation soignant/patient s'inscrit dans une véritable dimension collaborative et non dans une relation hiérarchique à sens unique entre un soignant « sachant » et un patient « ignorant ». Car qui mieux que le patient lui-même connaît ses besoins, ses ressentis et ses douleurs ? « *Aujourd'hui, ma vision des choses, c'est que c'est toujours lui qui est l'expert, il sait plus de choses que moi sur sa maladie parce qu'il la vit. Il y a dans notre métier beaucoup d'envie d'aider l'autre, mais cela ne sert à rien de s'épuiser à lutter pour convaincre le patient de ce qu'il ne sent pas. Dans la méditation, on s'adresse à un niveau fondamental de l'être humain où il n'y a plus médecin ou patient. On laisse tomber la blouse et les protections* », témoigne le Dr Bloch.

SOIGNER LA PERSONNE ET PAS SEULEMENT LA PATHOLOGIE

Si la méditation peut contribuer à l'existence d'une médecine « participative », elle favorise aussi l'émergence d'une médecine « intégrative » qui aspire à prendre en charge le patient dans sa globalité.

« *Parler de médecine intégrative, c'est envisager l'être humain comme un tout et non comme une collection d'organes qui fonctionnent ensemble et dont le dysfonctionnement serait simplement à réparer individuellement. C'est le considérer comme un ensemble corps-esprit, intégrant les dimensions physiologiques mais aussi émotionnelles, c'est-à-dire toutes les dimensions de l'être. Nous prenons désormais en compte l'intégralité de la personne et non plus seulement la symptomatologie*», précise Jean-Gérard Bloch.

Dans cette logique, le médecin conçoit le parcours thérapeutique comme la reconstruction d'un tout qui doit intégrer toutes les dimensions de l'être dans sa prise en charge du soin. Un être unique dont il faut prendre en compte les spécificités et auquel il faut ajuster la proposition thérapeutique.

QU'OBSERVE-T-ON DEPUIS LA CRÉATION DE CE DIPLÔME ?

Depuis sa mise en place en 2012, le diplôme universitaire a créé une véritable dynamique dans la diffusion de cette réflexion sur les parcours de soins au sein d'établissements hospitaliers d'où venaient les participants au DU. «*Les deux mois de formation sont chaque année l'occasion de formidables échanges entre les 60 participants. De domaines, d'âges et d'expériences très diverses, ce bouillonnement de réflexions est extrêmement fertile*», s'enthousiasme Jean-Gérard Bloch.

D'abord, cette formation académique a permis la création de programmes de méditation dans un grand nombre de lieux hospitaliers. Et au-delà de ce déploiement géographique, elle a également initié d'autres programmes de formation, initiale ou continue, pour des professionnels de santé toujours plus nombreux à s'y intéresser. Des groupes de réflexion et de recherche se créent également peu à peu, à l'instar de celui que coordonne Corinne Isard Bagnis qui réunit aujourd'hui régulièrement une quinzaine de cliniciens et de chercheurs intéressés par ce type de voie thérapeutique complémentaire.

Enfin, certains programmes très intéressants sont nés à Strasbourg de la rencontre de chercheurs et de soignants, tel que celui mis en place à Caen par le Dr Gaël Chételat, directrice de recherche à l'Inserm, sur l'évaluation de l'effet de la méditation sur le vieillissement cérébral, suite à sa rencontre avec le neurobiologiste Antoine Lutz avec lequel elle a bâti cette ambitieuse étude (*cf.* chapitre 13).

Au risque de bousculer quelques habitudes ancrées depuis des siècles dans notre tradition médicale, la méditation aura donc troqué, en moins d'un demi-siècle, la robe orange des moines bouddhistes pour la blouse blanche des médecins. Pour eux comme pour les patients, cette introduction dans le monde universitaire, qui marque une nouvelle étape dans la reconnaissance et la légitimité de la méditation, semble confirmer qu'une voie thérapeutique complémentaire se dessine. Sous bien des angles, elle ne propose pas seulement de nouvelles pratiques, elle modifie en profondeur, et en douceur, la pratique médicale elle-même.

PAROLES DE MÉDITANT

« Une nécessité préventive »

Benjamin a 37 ans. Il a commencé à méditer fin 2008, à l'invitation du Dr Christophe André avec lequel il venait de suivre une thérapie comportementale et cognitive (TCC).

Une phobie sociale sévère

« Je souffre depuis très longtemps de phobie sociale sévère et généralisée qui représente un véritable handicap au quotidien. Je précise généralisée car c'est une pathologie qui, depuis mon très jeune âge, affecte de façon transversale toutes les facettes de ma vie : familiale, amicale, scolaire, amoureuse, puis professionnelle. La phobie sociale se traduit par une timidité pathologique, une peur viscérale de faire mal les choses, mais aussi une peur du jugement et du regard des autres. J'ai longtemps été, par exemple, dans l'incapacité de fixer le regard de mon interlocuteur. Déjà au CP, demander de l'aide à mes professeurs me paraissait insurmontable. À l'école je n'étais pas exclu, j'avais des copains mais j'étais extrêmement réservé et surtout je n'ai jamais réussi à avoir une vie sociale à l'extérieur. Puis cette situation s'est prolongée, à l'adolescence jusqu'à l'âge adulte. Adolescent, je n'avais pas d'amis, je n'arrivais pas à aller vers les autres, à expérimenter les choses, à faire le travail d'adaptation à la vie.

En 2003, j'ai fait une dépression, qui m'a conduit à suivre une première thérapie comportementale et cognitive de groupe durant 6 mois, à la Pitié-Salpêtrière. Cette thérapie s'inscrivait dans un programme de recherche intégrant des IRM fonctionnelles au cours desquelles j'ai pu observer les mouvements de mon cerveau et prendre conscience qu'il s'y passait des choses très concrètes en fonction de mon état psychologique.

Pendant près de 6 ans, j'ai multiplié ainsi les thérapies comportementales et cognitives, collectives ou individuelles, en prenant parallèlement des antidépresseurs et parfois des anxiolytiques.

À la fin de l'année 2008, j'en ai suivi une dernière avec le Dr Christophe André. C'est lui qui m'a alors proposé de participer à des séances de méditation de pleine conscience qu'il dispensait depuis quelque temps à l'hôpital Sainte-Anne.

Pourquoi cette invitation à la méditation ?

Cette phobie sociale est aussi associée chez moi à une dysthymie. C'est ce qu'on appelait avant la névrose dépressive, un état entre deux eaux, considéré comme une dépression chronique mais moins forte, comme une sorte de dépression atténuée. Et pour finir j'étais aussi régulièrement sujet à d'importants accès d'anxiété, face à certaines situations particulièrement anxiogènes pour moi. C'est surtout pour prévenir ces troubles que le Dr Christophe André m'a proposé de m'initier à la pleine conscience.

L'un des trois piliers de l'équilibre

Pendant plusieurs semaines, j'ai suivi ainsi des séances de méditation à l'hôpital, à raison d'une séance de deux heures tous les mois, et des exercices à faire chez moi ensuite.

J'ai trouvé très intéressant de découvrir ça en groupe, les échanges entre les participants sont éclairants, constructifs, on se sent moins seul face aux difficultés de méditer, on partage vraiment cette expérience. Aujourd'hui, je ne suis plus retourné depuis longtemps à une séance de suivi, mais je songe à le faire car l'apport du groupe est réellement précieux.

À cette époque, j'ai aussi commencé à courir, à raison de 30 minutes deux à trois fois par semaine. J'ai fait cela pendant un an. Et j'ai également commencé à faire du théâtre, dans une troupe pour des personnes ayant les mêmes problématiques et qui intégrait tout un travail sur la respiration et la relaxation.

Je dois reconnaître que l'association de ces trois pratiques a opéré un véritable changement chez moi et m'a beaucoup aidé, tant au regard de mes tendances dépressives et anxieuses que dans ma relation difficile aux autres.

Progressivement, j'ai totalement arrêté de prendre des médicaments, que ce soit antidépresseurs ou anxiolytiques, et j'ai commencé aussi à sortir de mon isolement.

Un mode d'être au quotidien

Quand j'ai arrêté les séances à l'hôpital, je n'ai pas réussi à m'imposer une discipline méditative formelle et régulière. Sans doute était-ce trop tôt, mon esprit ne me laissait pas assez en paix, et poser mon attention me demandait trop d'efforts.

Pour autant, la pleine conscience a continué à occuper une place essentielle dans mon quotidien, de façon informelle, mais omniprésente. En fait je l'ai intégrée à mon quotidien et à ma façon de vivre. Dans la journée par exemple, régulièrement, hors de toute situation précise ou objectif recherché, je fais un travail d'attention sur ma respiration, et je me concentre quelques minutes sur le moment présent, que ce soit dans les transports, au travail ou chez moi, et j'y trouve un réel apaisement.

Que m'a apporté la méditation ? D'abord elle a vraiment fait évoluer ma façon de percevoir les situations dans lesquelles je projette désormais bien moins d'anxiété et de stress. Elle m'a aussi donné des techniques et des réflexes que j'utilise constamment.

Depuis 2008, je n'ai plus arrêté. J'ai toujours continué à pratiquer la méditation de façon simple, et avec le temps j'ai beaucoup évolué et je fais de plus en plus de choses "en pleine conscience".

Sans doute les bénéfices seraient plus grands encore si je méditais chaque jour, de façon plus formelle, mais entre cette pratique informelle très régulière, le sport et le théâtre, j'ai trouvé un équilibre qui m'a beaucoup apaisé. Je décrirais ma vie d'avant comme une succession de longs bas et de hauts courts, aujourd'hui, je traverse plutôt des longues périodes de haut, et beaucoup moins de périodes de bas.

La conviction d'une nécessité préventive

Ce sont des processus très longs, qui ne se mettent pas en place en un jour, il faut être patient et confiant.

Aujourd'hui, la vie n'est toujours pas un long fleuve tranquille, mais je ne prends plus de médicaments, je suis suivi une fois tous les 6 mois en consultation psychiatrique par le Dr Christophe André. Au regard de mes difficultés passées, je reconnais que je vais beaucoup mieux. J'ai un boulot, j'ai eu des compagnes, mon activité théâtrale m'a beaucoup aidé à me socialiser et à sortir de l'isolement. Une sorte de cercle vertueux s'est mise en place.

Je sais que la phobie sociale ne m'abandonnera jamais totalement. Et même si j'y parviens beaucoup mieux, la rencontre avec l'Autre ou la confrontation avec le monde extérieur reste pour moi une épreuve et ne sera jamais totalement anodine. Le moindre accident de la vie ou traumatisme peut réveiller mes pathologies. Alors le fait de continuer à intégrer la pleine conscience à mon quotidien relève désormais pour moi d'une nécessité préventive que je compte poursuivre. »

Conclusion

MÉDITER POUR PRENDRE SOIN DE SOI

En 2007, une équipe scientifique américaine pluridisciplinaire, sous la direction du neuroscientifique Clifford Saron, de l'Université de Californie (États-Unis), a entrepris la plus ambitieuse étude jamais réalisée sur les effets de la méditation sur le corps et le cerveau de ceux qui la pratiquent. Pour conduire ce grand programme intitulé projet Samatha (ou *Samatha project* en anglais) – du terme pali issu du bouddhisme signifiant « tranquillité de l'esprit » ou « sérénité » – deux groupes de trente personnes tirées au sort ont été invités à participer à deux retraites de trois mois chacune dans les Montagnes rocheuses. L'objectif du projet était de rassembler un maximum de données biologiques et psychologiques, objectives et subjectives, sur les effets d'une retraite silencieuse de méditation intensive de 6 à 10 heures par jour. Pendant ces retraites, puis 5 mois, 16 mois et 40 mois après pour les participants qui continuaient à méditer régulièrement dans le cadre de leur vie habituelle, les méditants ont été soumis à différents types de tests : prises de sang, électroencéphalogrammes, questionnaires, enregistrements vidéos d'entretiens, journaux audio, ainsi que 17 exercices sur ordinateur destinés à mesurer, entre autres, l'attention, les temps de réaction, la réponse à des provocations émotionnelles, etc.

DES BÉNÉFICES COMPLEXES À PROUVER...

Dix ans plus tard, si les résultats obtenus en matière d'attention, de lutte contre le stress, d'évolution des télomères convergent avec ceux d'autres études, le travail d'analyse des données recueillies est toujours en cours ! Preuve s'il en est que démontrer scientifiquement les bénéfices multiples de la méditation sur le cerveau et le corps est complexe et exige du temps, bien plus que pour prouver l'efficacité d'un médicament contre l'hypertension ou la dépression.

C'est pourquoi, malgré leur enthousiasme et les résultats très stimulants de nombre d'études, les chercheurs restent prudents, et soulignent le chemin qu'il reste à parcourir. Les bénéfices observés sont-ils l'effet seul de la méditation ou sont-ils consécutifs au mieux-être apporté par la méditation ? Quel temps de méditation produit quel effet ? Au-delà des programmes de huit semaines, comment consolider véritablement les acquis et peut-on les consolider de façon irréversible ? Il reste encore dans chaque domaine bien des précisions à apporter et des hypothèses à valider.

D'ailleurs, faut-il le redire, les médecins ne considèrent en aucun cas la méditation comme un remède miracle capable de remplacer les approches thérapeutiques actuelles. Les approches techniques fondées sur des données scientifiques prouvées gardent toute leur place dans les parcours de soins. D'autant que la méditation ne peut se limiter à un programme de huit semaines et implique, si l'on veut continuer à en ressentir les bénéfices, un investissement et une discipline au quotidien plus importants que la prise de médicaments, que tous ne parviennent pas toujours à mettre en place.

… MAIS DÉSORMAIS SCIENTIFIQUEMENT FONDÉS

Pour autant, malgré une nécessaire prudence, les résultats accumulés depuis une vingtaine d'années maintenant, sont suffisamment importants pour que la méditation trouve enfin toute sa place parmi d'autres méthodes thérapeutiques complémentaires.

Convoquant progressivement des domaines de plus en plus divers, les multiples études n'ont cessé d'apporter des preuves convergentes de ces bénéfices. Et même bien au-delà de ce que l'on aurait imaginé.

Sans doute l'intérêt du monde scientifique pour la méditation tient-il en premier lieu à la réponse nouvelle qu'elle propose à l'un des plus grands maux de notre époque, et dont on n'a pas encore fini de découvrir les effets toxiques jusqu'au plus profond de notre organisme : le stress. Là où l'évolution biologique avait sélectionné des mécanismes permettant aux primates bipèdes que nous sommes d'échapper aux féroces prédateurs, ce système vital se retrouve aujourd'hui trop souvent submergé par les peurs et les pressions en tous genres exercées par nos modes de vie, la course contre la montre, les exigences et les défis professionnels, les difficultés familiales... Sans faire du stress la seule cause de toutes les maladies, beaucoup de recherches montrent que les effets du stress sont avérés sur le vieillissement cellulaire, les capacités immunitaires ou les processus inflammatoires, et jouent un rôle jusque sur le fonctionnement des gènes. Gérer ce stress relève de la médecine préventive, et la méditation est assurément l'un des outils – parmi d'autres – les plus intéressants pour nous aider à retrouver les voies de la sagesse ou du moins pour mettre à distance nos angoisses ravageuses.

L'intérêt du corps médical pour la méditation est aussi à mettre en perspective avec les progrès de la recherche neuroscientifique de ces dernières décennies, qui n'ont cessé de révéler l'importance des interrelations entre de nombreuses zones du cerveau et la gestion des émotions dans de nombreux processus cognitifs.

Enfin, cet intérêt s'est considérablement renforcé avec les découvertes très récentes de la génétique et de l'épigénétique, véritable révolution où l'on découvre l'influence des facteurs environnementaux et de nos états émotionnels dans l'expression de nos gènes et donc dans le fonctionnement de notre corps.

UNE VOIE THÉRAPEUTIQUE RÉVOLUTIONNAIRE

La méditation ne muscle pas seulement le cerveau, on le sait désormais, elle lui donne aussi les moyens d'agir sur l'ensemble du corps au point de modifier ses équilibres complexes que les scientifiques appellent joliment psycho-neuro-immuno-endocrinologiques parce qu'ils unissent nos pensées, nos émotions et leurs implications biologiques.

Derrière cette désignation aux vastes horizons, se cache une révolution silencieuse palpitante, dans laquelle la méditation trouve une place de plus en plus légitime.

En éclairant les mécanismes physiologiques du stress, notamment, les scientifiques ont peu à peu décloisonné des disciplines médicales autrefois très compartimentées et les spécialités se sont mises à dialoguer dans une approche bien plus globale du patient. Après avoir longtemps envisagé séparément chaque élément constitutif de notre organisme dans une vision très mécaniste du corps, la médecine moderne appréhende progressivement l'individu, malade ou non, comme un tout restitué de ce fait dans son humanité. Or ce tout est unique et induit des réponses thérapeutiques personnalisées. Cette quête d'un certain nombre de soignants, en particulier des plus jeunes, est une approche totalement inédite qui ouvre des perspectives très nouvelles, pour les acteurs de la santé comme pour les patients.

Dans cette logique, les responsables du projet Samatha, toujours en cours d'analyse, envisagent aujourd'hui un complément d'étude avec un nouvel objectif : parvenir à repérer le type de méditation le plus approprié pour chaque individu. Une médecine sur mesure, adaptée à chacun, qui prendrait en compte la personne dans sa globalité et la doterait des outils capables de révéler son propre potentiel de soin et de guérison, c'est le vœu de ceux qui appellent à l'émergence d'une médecine intégrative, dont on commence à considérer sérieusement les bénéfices. Et c'est la révolution qui se diffuse aujourd'hui dans un nombre croissant de lieux de soins dans le monde.

BIEN AU-DELÀ D'UNE APPROCHE THÉRAPEUTIQUE

Au-delà de la voie thérapeutique nouvelle qu'elle propose, la méditation porte une approche très large orientée vers un certain art de vivre, ce dont tous les patients passés par un programme d'entraînement de huit semaines témoignent : après le bénéfice thérapeutique, c'est une véritable prise de conscience qui s'est opérée et, pour beaucoup, une autre façon d'être, de voir et de vivre qui s'est mise en place. Un bénéfice ressenti bien plus vaste et particulièrement pertinent à une époque où la confrontation quotidienne au monde est rude, complexe, jalonnée de sollicitations et d'injonctions incessantes, qui vont parfois bien au-delà de nos capacités de réaction et de réponse, et nous fragilisent.

En nous faisant prendre conscience de nos propres fonctionnements et de tous les pilotages automatiques dont nous sommes faits, elle nous apprend à les faire évoluer, à mieux les maîtriser et à les ajuster à nos besoins.

Finalement, la méditation ne sert-elle pas moins à nous soigner qu'à prendre soin de nous et de notre esprit, si vagabond et si influent sur notre santé ? Ne nous aide-t-elle pas avant tout à être plus à l'écoute de notre corps, de nos états mentaux et à prendre conscience que nous formons un tout « esprit-corps » indissociable qu'il faut entretenir en tant que tel ? Une évidence, à bien y réfléchir, que l'on a pourtant sans doute un peu trop oubliée.

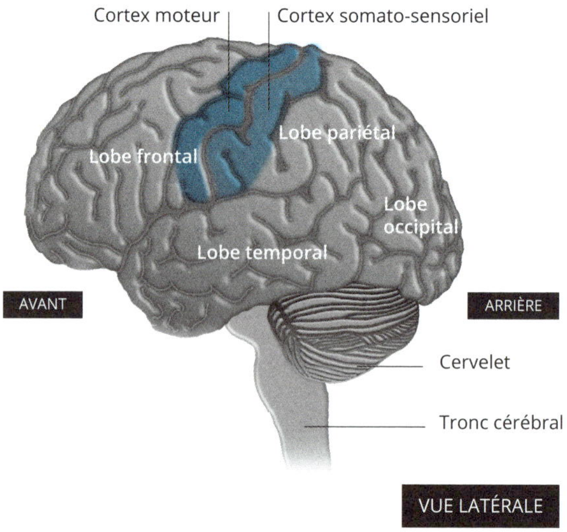

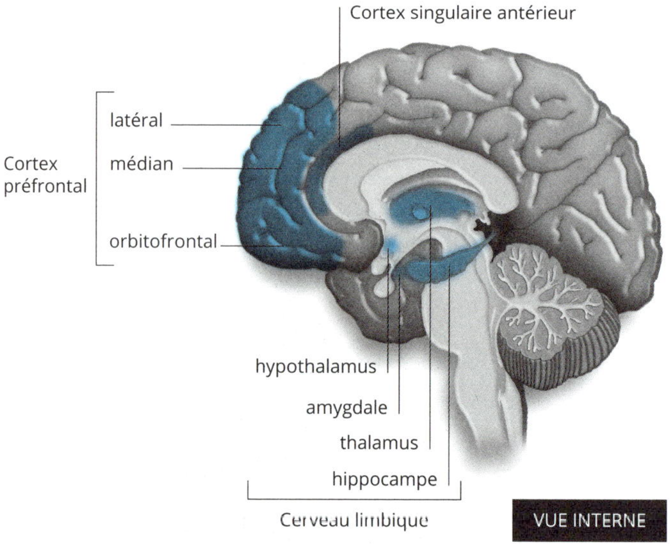

Schémas du cerveau, avec les différentes zones citées dans l'ouvrage.
© *Cerveau & Psycho*

BIBLIOGRAPHIE

Une partie des informations livrées dans cet ouvrage est issue des entretiens menés avec les soignants et scientifiques interviewés dans le cadre du film « Les étonnantes vertus de la méditation », de Benoît Laborde (production MFP, Arte 2017 : voir p. 4).

CHAPITRE 1 Les racines ancestrales de la méditation (pp. 19-26)

Inspiré de l'article du Dr Frédéric Rosenfeld, « La méditation à travers les âges », *Cerveau & Psycho,* n° 52, juillet-août 2012, avec son aimable autorisation et celle de la revue.

CHAPITRE 2 D'une pratique millénaire spirituelle à une méditation moderne et laïcisée (pp. 27-37)

À partir des interviews du Pr Jon Kabat-Zinn (Strasbourg, France, et Worcester, États-Unis).

CHAPITRE 3 Qu'est-ce que la méditation de pleine conscience ? (pp. 39-46)

À partir des interviews du Dr Christophe André (hôpital Sainte-Anne, Paris), du Pr Jon Kabat-Zinn (Strasbourg, France, et Worcester, États-Unis) et du Pr Saki Santorelli (*Center for Mindfulness de Worcester,* États-Unis).
Christophe André, *Méditer jour après jour,* L'Iconoclaste, 2011.
– « *La méditation de pleine conscience* », *Cerveau & Psycho,* n° 41, septembre-octobre 2010.

CHAPITRE 4 Méditer pour lutter contre la dépression (pp. 49-62)

À partir de l'interview du Dr Christophe André (hôpital Sainte-Anne, Paris).
M. Williams, J. D. Teasdale, Z. Segal, J. Kabat-Zinn, *Méditer pour ne plus déprimer La pleine conscience, une méthode pour vivre mieux,* Odile Jacob, 2009.
Z. Segal, M. Williams, J. D. Teasdale, *Mindfulness Based Cognitive Therapy for Depression,* 2nd Ed., Guilford Press, 2013.
J. D. Teasdale *et al.,* « Prevention of relapse/recurrence in major depression by mindfulness-based cognitive therapy », *Journal of Consulting and Clinical Psychology,* 2000.

CHAPITRE 5 La méditation : source d'humeur positive (pp. 63-71)

À partir de l'interview du Pr Richard Davidson (*Center for Healthy Minds*, Université du Wisconsin, États-Unis).

A. Lutz A *et al.*, « Attention regulation and monitoring in meditation », *Trends in Cognitive Sciences*, 2008.

A. Lutz A *et al.*, *Meditation and the neuroscience of consciousness: an introduction*, The Cambridge Handbook of Consciousness, Cambridge University Press, 2006.

Z. Gou, N. Choudhury, « Resting frontal gamma power at 16, 24 and 36 months predicts individual differences in language and cognition at 4 and 5 years », *Behav. Brain Res.*, 2011.

Dalaï Lama, *La voie des émotions. Entretien avec Paul Ekman*, Bernay, City Éditions, 2008.

M. Ricard, W. Singer, *Cerveau & méditation. Dialogue entre le bouddhisme et les neurosciences*, Allary, 2017.

Michel Le Van Quyen, *Les pouvoirs de l'esprit. Transformer son cerveau, c'est possible !*, Flammarion, 2015.

CHAPITRE 6 Muscler son esprit : méditation et neuroplasticité (pp. 73-79)

À partir des études et de l'interview du Pr Gaëlle Desbordes (Massachusetts General Hospital, États-Unis).

CHAPITRE 7 Méditer pour traverser l'adolescence (pp. 81-100)

S. Michelot, A. Assier, *Comment ne pas finir comme tes parents : la méditation pour 15-25 ans*, Les Arènes, 2016.

E. Snel, *Respirez : la méditation pour les parents et les ados*, Les Arènes, 2015.

S. Deplus, M. Lahaye, P. Philippot, « Les interventions psychologiques basées sur la pleine conscience avec l'enfant et l'adolescent : les processus de changement », *Revue québécoise de psychologie*, 2014.

A. Heeren, P. Philippot, « Les interventions basées sur la pleine conscience », *Revue francophone de clinique comportementale et cognitive*, 2009.

– « Les interventions basées sur la pleine conscience : Une revue conceptuelle et empirique », *Revue québecoise de psychologie*, 2010.

Jeffrey A. Ciesla *et al.*, « Dispositional Mindfulness Moderates the Effects of Stress Among Adolescents: Rumination as a Mediator », *Journal of Clinical Child & Adolescent Psychology*, 2012.

E. Snel, M. Boutavant, *Calme et attentif comme une grenouille*, Les Arènes, 2012.

S. Kaiser-Greenland, *Un cœur tranquille et sage : la méditation, un art de vire pour les enfants*, Les Arènes, 2016.

J. Siaud-Facchin, *Tout est là, juste là : la méditation pour les enfants et les ados aussi !*, Odile Jacob, 2014.

CHAPITRE 8 Méditer pour traverser le grand âge (pp. 101-113)

Emmanuelle Decker, *La méditation de pleine conscience pour la prise en charge de la souffrance émotionnelle associée à la douleur chronique : adaptation à des patients âgés douloureux chroniques,* thèse de doctorat, Université Paul-Valéry, Montpellier-III, 2015.
A.V. Apkarian *et al.,* « Chronic back pain is associated with decreased prefrontal and thalamic gray matter density », *The Journal of Neuroscience,* 2004.
J. Vlaeyen, G. Crombez, « La psychologie de la peur et de la douleur », *Revue du rhumatisme,* 2009.

CHAPITRE 9 À la croisée de la psychologie et de la physiologie : les effets de la méditation sur la douleur (pp. 117-126)

À partir des interviews du Pr Corinne Isard Bagnis (hôpital de la Pitié-Salpêtrière, Paris), du Pr Claire Vulser Cristiofini (hôpital Georges-Pompidou, Paris), du Pr Antoine Lutz (Centre de recherches en neurosciences, Lyon).

A. Lutz *et al.,* « Altered anterior insula activation during anticipation and experience of painful stimuli in expert meditators », *Neuroimage,* 2013.
F. Zeidan *et al.,* « Neural mechanisms supporting mindfulness-based pain relief as compared to placebo analgesia and sham mindfulness meditation ». *Journal of Neuroscience,* 2015.
E. R Rosenberg *et al.,* « Intensive meditation training influences emotional responses to suffering », *Emotion,* 2015.

CHAPITRE 10 Au cœur des effets physiologiques de la méditation : son action sur le stress (pp. 127-137)

À partir des interviews du Pr Gaëlle Desbordes (*Massachusetts General Hospital,* États-Unis) et du Pr Melissa Rozenktranz (Université du Wisconsin, États-Unis).

B.K. Hölzel *et al.,* « Neural mechanisms of symptom improvements in generalized anxiety disorder following mindfulness training », *Neuroimage Clinical,* 2013.
B. K. Hözel *et al.,* « Mindfulness practice leads to increases in regional brain gray matter density », *Psychiatry Research Neuroimaging,* 2011.
T. L Jacobs *et al.,* « Self-reported mindfulness and cortisol during a Shamatha meditation retreat », *Health Psychol.,* 2013.
Jean-François Portier (dir.), *Le cerveau et la pensée. Le nouvel âge des sciences cognitives,* Éditions Sciences Humaines, 2014.
A. R. Damasio, *L'erreur de Descartes,* Odile Jacob, 2010.

CHAPITRE 11 Quand la méditation modifie l'expression de nos gènes (pp. 141-152)

À partir de l'interview du Pr Clifford Saron (*Centre for Mind and Brain*, Université de Californie, États-Unis).

M. K. Bhasin *et al.*, « Relaxation Response Induces Temporal Transcriptome Changes in Energy Metabolism, Insulin Secretion and Inflammatory Pathways », *Plos one*, 2013.

P. Kaliman *et al.*, « Rapid changes in histone deacetylases and inflammatory gene expression in expert meditators », *Psychoneuroendocrinilogy*, 2014.

CHAPITRE 12 La méditation peut-elle ralentir le vieillissement de nos cellules ? (pp. 153-158)

À partir des interviews du Pr Elissa Epel (Université de Californie, San Francisco, États-Unis) et du Pr Jue Lin (San Francisco).

E. Puterman *et al.*, « The Power of Exercise: Buffering the Effect of Chronic Stress on Telomere Length », *Plos One*, 2010.

E. Epel *et al.*, *Can meditation slow rate of cellular aging? Cognitive stress, Mindfulness, and Telomeres*, New York Academy of Sciences, 2009.

CHAPITRE 13 La méditation peut-elle freiner le vieillissement cérébral ? (pp. 159-162)

S. W. Lazar *et al.*, « Meditation experience is associated with increased cortical thickness », *Neuroreport*, 2005.

E. Luders *et al.*, « Forever Young(er): potential age-defying effects of long-term meditation on gray matter atrophy », *Frontiers in Psychology*, 2015.

A. Bejanin *et al.*, « Distinct neural substrates of affective and cognitive theory of mind impairment in semantic dementia », *Social Neuroscience*, 2016.

CHAPITRE 14 La méditation : une révolution pour les soignants ? (pp. 165-177)

À partir de l'interview du Dr Jean-Gérard Bloch (Faculté de médecine de Strasbourg).

CONCLUSION Méditer pour prendre soin de soi (pp. 179-185)

C.D. Saron, « The Samatha Project Adventure: A Personal Account of an Ambitious Meditation Study and its First Results », *In: Compassion: Bridging Theory and Practice*, Munich, T. Singer and M. Bolz (eds.), Max Planck Society, 2013.

– « Training the Mind-The Shamatha Project », *In: The Healing Power of Meditation*, A. Fraser (ed.), Shambhala Publications, 2013.

IMPRIM'VERT®

Imprimé en France par SEPEC à Péronnas
N° d'imprimeur : 17932170711 - Dépôt légal : septembre 2017
N° d'édition : 41000957-01